我们的世界，是一个我们每个人想懂也懂不了的世界……

喜欢跳楼病
精神亢奋病
烦恼病
一切都可病
功名病
大声咆哮病
肚子很痛病
一切都可病
一点都没病的病
大声咆哮病
不结婚病
爱钱病
一点都没病的病
离开都没病
一切都可病
爱钱病
功名病
花钱病
功名病
烦恼病
精神亢奋病
功名病
喜欢跳楼病
没成就感病
喜欢跳楼病
精神病
一点都没病的病
没人爱的病
精神病
大声咆哮病
没人爱的病
功名病
精神亢奋病
精神亢奋病
离开都没病
一切都可病
肚子很痛病
肚子很痛病
一切都可病
精神病
不结婚病
爱钱病
功名病
不结婚病
爱钱病
大声咆哮病
功名病
花钱病
没人爱的病
精神病
一点都没病的病
喜欢跳楼病
没成就感病
喜欢跳楼病
一切都可病
喜欢跳楼病
没成就感病
精神病
没人爱的病
离开都没病
离开都没病
肚子很痛病
一切都可病
没成就感病
一切都可病
花钱病
离开都没病
没人爱的病
烦恼病
WEST
EAST
NORTH
EAST
WEST
SOUTH
WEST
EAST
NORTH
EAST
WEST
SOUTH

没成就感病
肚子很痛病
没成就感病
精神病
精神亢奋病
烦恼病
很痛病
花钱病
大声咆哮病
没成就感病
精神病
肚子很痛病
一点都没病的病
喜欢跳楼病
功名病
离开都没病
离开都没病
花钱病
精神亢奋病
没成就感病
烦恼病
肚子很痛病
功名病
花钱病
精神亢奋病
烦恼病
肚子很痛病
喜欢跳楼病
大声咆哮病
大声咆哮病
花钱病
没人爱的病
大声咆哮病
没人爱的病
大声咆哮病
离开都没病
肚子很痛病
肚子很痛病
一切都可病
大声咆哮病
大声咆哮病
没成就感病
大声咆哮病
功名病
一切都可病
烦恼病
一切都可病
花钱病
烦恼病
大声咆哮病
精神亢奋病
没成就感病
一切都可病
一切都可病
一点都没病的病
没人爱的病
精神病
没成就感病
精神病
喜欢跳楼病
花钱病
烦恼病
肚子很痛病
没人爱的病
肚子很痛病
一点都没病的病
精神亢奋病
没人爱的病
精神病
没成就感病
NORTH
EAST
WEST
EAST
WEST
SOUTH
NORTH
SOUTH
WEST
WEST
EAST
SOUTH

你有病　　我有病　　他有病

EAST
WEST
NORTH
EAST
WEST
SOUTH
WEST
EAST
NORTH
WEST
EAST
SOUTH

大家都有病

朱德庸⊙作品

是我们每个人那颗受伤的心病了？
还是这整个时代病了？

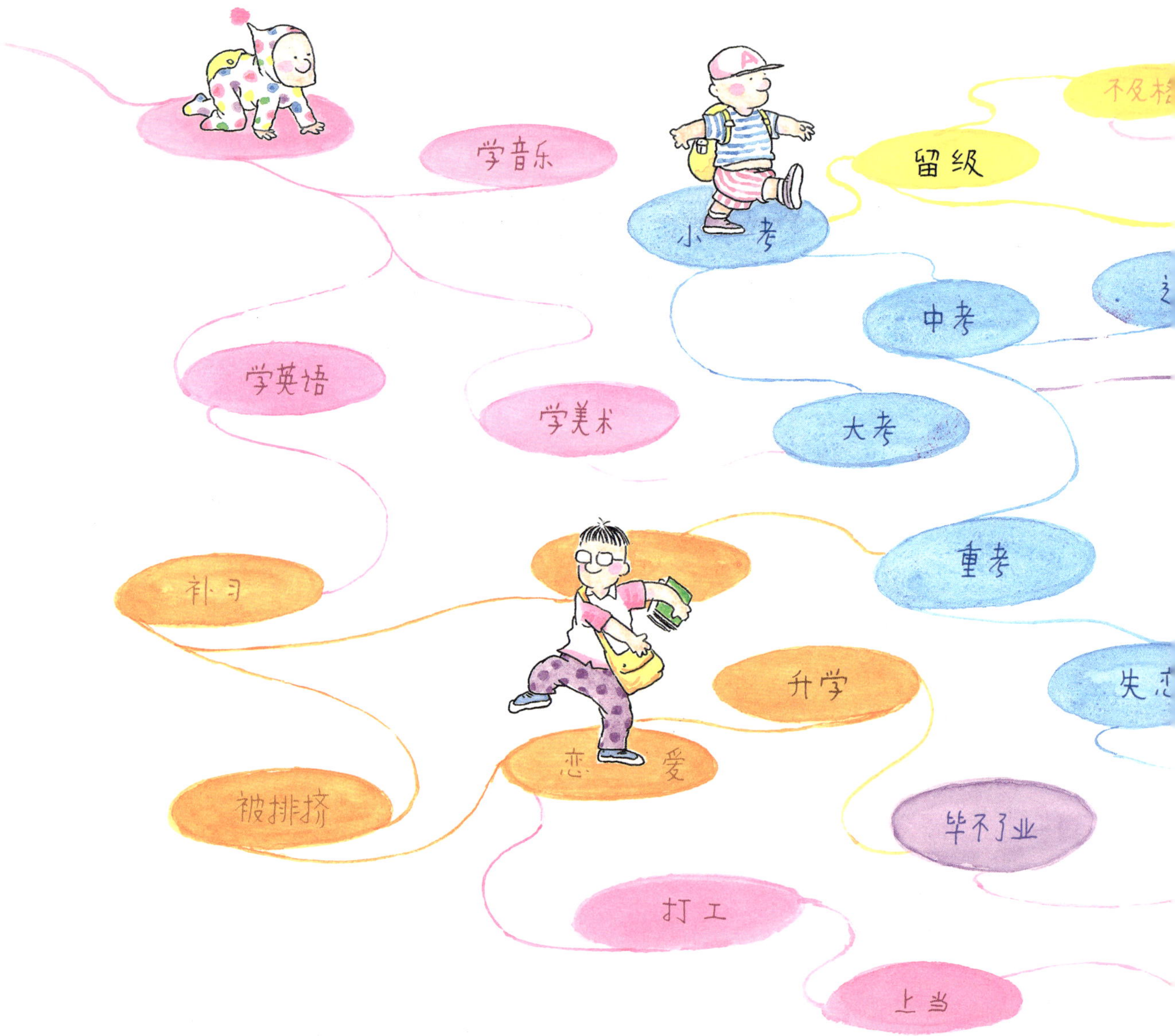
学音乐
小考
留级
中考
学英语
学美术
大考
补习
重考
升学
恋爱
被排挤
毕不了业
打工
上当

移民
自杀
倒闭
失眠
并购
生病
发疯
加班
再加班
开除
又发疯
裁员
换工作
又加班
投资失败
婚外情
求职
股票套牢
想当CEO
又失业
业绩
竞争
离婚
减薪
被陷害
外遇
转业

WEST
EAST
REST

自序

在一个时代里缓慢行走

朱德庸

我喜欢走路。

我的工作室在十二楼，刚好面对台北很漂亮的那条敦化南路，笔直宽阔的绿荫绵延了几公里。人车寂静的平常夜晚或周六周日，我常常和妻子沿着林荫慢慢散步到路的尽头，再坐下来喝杯咖啡，谈谈世界又发生了哪些特别的事。

这样的散步习惯有十几年了，陪伴我们一年四季不断走着的是一直在长大的儿子，还有那些树。

一开始是整段路的台湾栾树，春夏树顶开着苔绿小花，初秋树梢转成赭红，等冬末就会突然落叶满地，只剩无数黑色枝桠指向天空。接下来是高大美丽的樟树群，整年浓绿。再经过几排叶片棕黄、像挂满一串串闪烁的心的菩提树，后面就是紧挨着几幢玻璃帷幕大楼的垂须榕树丛了。

这么多年了，亚热带的阳光总是透过我们熟悉的这些树的叶片轻轻洒在我们身上，我也总是讶异地看到，这几个不同的树种在同样一种气候下，会展现出截然相反的季节变貌：有些树反复开花、结子、抽芽、凋萎，有些树春夏秋冬，常绿不改。不同的植物生长在同一种气候里，都会顺着天性有这么多自然发展；那么，不同的人们生长在同一个时代里，不是更应该顺着个性有更多自我面貌？

我看到的这个世界却不是如此。

我们这个时代的人，情绪变得很多，感觉变得很少；心思变得很复杂，行为变得很单一；脑的容量变得越来越大，使用区域变得越来越小。更严重的是，我们这个世界所有的城市面貌变得越来越相似，所有人的生活方式也变得越来越雷同了。

就像不同的植物为了适应同一种气候，强迫自己长成同一个样子那么荒谬；我们为了适应同一种时代氛围，强迫自己失去了自己。

如果，大家都有问题，问题出在哪里呢？

我想从我自己说起。

小时候我觉得，每个人都没问题，只有我有问题。长大后我发现，其实每个人都有问题。当然，我的问题依然存在，只是随着年龄又增加了新的问题。小时候的自闭给了我不愉快的童年，在团体中我总是那个被排挤孤立的人；长大后，自闭反而让我和别人保持距离，成为一个漫画家和一个人性的旁观者，能更清楚地看到别人的问题和自己的问题。

“问题”那么多，似乎有点儿令人沮丧。但我必须承认，我就是在小时候和长大后的问题中度过目前为止的人生。而且世界就是如此，每个人都会在各种问题中度过他的一生，直到离开这个世界，问题才真正没问题。

小时候的问题，往往随着你的天赋而来。然而，上天对你关了一扇门，一定会为你开另一扇窗；我认为这正是自然界长久以来的生存法则。就像《侏罗纪公园》里的一句经典台词：“生命会找到它自己的出路。”童年的自闭让我只能待在图像世界里，用画笔和外界单向沟通，却也让我能坚持走出一条自己的路。

长大后的问题，对人才真正严重。因为那是后天造成的，它原本就不是你体内的一部分，不会为你开启任何一扇窗或一道门。而我觉得，现代人最需要学会处理的，就是长大后的各种心理和情绪问题。

我们碰上的，刚好是一个物质最丰硕而精神最贫瘠的时代，每个人长大以后，肩膀上都背负着庞大的未来，都在为一种不可预见的“幸福”拼斗着。但所谓的幸福，却早已被商业稀释而单一化了。市场的不断扩张、商品的不停量产，其实都是违反人性的原有节奏和简单需求的，激发的不是我们更美好的未来，而是更贪婪的欲望。长期地违反人性，大家就会生病。当我们“进步”太快的时候，只是让少数人得到财富，让多数人得到心理疾病罢了。

是的，这是一个只有人教导我们如何成功，却没有人教导我们如何保有自我的世界。我们这个时代，对我们大家开了一场巨大的心灵玩笑：我们周围所有的东西都在增值，只有我们的人生悄悄贬值。世界一直往前奔跑，而我们大家紧追在后。可不可以停下来喘口气，选择“自己”，而不是选择“大家”？也许这样才能不再为了追求速度，却丧失了我们的生活，还有生长的本质。

前年底，我得了一个“新世纪10年阅读最受读者关注十大作家”的奖项，请友人代领时念了一段得奖感言：“这是一个每个人都在跑的时代，但是我坚持用自己的步调慢慢走，因为我觉得大家其实都太快了——就是因为我还在慢慢走，所以今天来不及到这里领奖。”这本《大家都有病》从二○○○年开始慢慢构思，到二○○五年开始慢慢动笔，前后经过了十年。这十年里，我看到亚洲国家的人们，先被贫穷毁坏一次，然后再被富裕毁坏另一次。我把这本书献给我的读者，并且邀请你和我一起，用你自己的方式，在这个时代里慢慢向前走。

二○一一、三、二十八
深夜

朱德庸 这个人

他有一双成人的尖锐的眼，和一颗孩子的单纯的心。

江苏太仓人，1960年4月16日来到地球。无法接受人生里许多小小的规矩。28岁时坐拥符合世俗标准的理想工作，却一头栽进当时无人敢尝试的专职漫画家领域，至今无辍。认为世界荒谬又有趣，每一天都不会真正地重复。因为什么事都会发生，世界才能真实地存在下去。

他曾说："其实社会的现代化程度越高，越需要幽默。我做不到，我失败了，但我还能笑。这就是幽默的功用。"又说："漫画和幽默的关系，就像电线杆之于狗。"

朱德庸漫画引领流行文化二十载，正版两岸销量已逾千万册，占据各大海内外排行榜，在台湾、韩国、中国大陆、香港、东南亚地区及北美华人地区都甚受欢迎。作品多次改编为电视剧、舞台剧，被大陆传媒誉为"唯一既能赢得文化人群的尊重，又能征服时尚人群的作家"，2009年更获颁"新世纪10年阅读最受读者关注十大作家"。他自己则认为自己"是一个城市行走者，也是一个人性观察家"。

朱德庸创作力惊人，创作视野不断增广，幽默的叙事手法和纯粹的赤子之心却未曾受到影响。"双响炮系列"描绘婚姻与家庭、"涩女郎系列"探索两性与爱情、"醋溜族系列"剖析年轻世代，他在《什么事都在发生》里展现"朱式哲学"，在《关于上班这件事》中透彻人生百态，《绝对小孩》系列则真实呈现他心底住着的，那个绝对小孩的观点。最新作品《大家都有病》用疯狂的想象描绘这个疯狂时代，再一次颠覆我们对这个世界的认知。

朱德庸的作品

双响炮 · 双响炮2 · 再见双响炮 · 再见双响炮2 ·
霹雳双响炮 · 霹雳双响炮2 · 麻辣双响炮 ·
醋溜族 · 醋溜族2 · 醋溜族3 · 醋溜CITY ·
涩女郎 · 涩女郎2 · 亲爱涩女郎 · 粉红涩女郎 · 摇摆涩女郎 · 甜心涩女郎 ·
大刺猬 · 什么事都在发生 · 关于上班这件事 · 绝对小孩 · 绝对小孩2

目录

第1章

大家都有爱

吃坏肚子发生的意外

踢球发生的意外

过街发生的意外

在招牌下发生的意外

踩到香蕉皮发生的意外

喝热汤发生的意外

拔牙发生的意外

戴隐形眼镜发生的意外

健身房发生的意外

上厕所发生的意外

我是Mr. Bad Luck—— 人生真的很危险！

为什么再也没有爱情神话了？
有人说是因为现代女人太物欲了。
有人说是因为现代男人太肉欲了。
有人说是因为现代男女太难遇了。
有的男人觉得恋爱就像撞球，只有一颗球是男人，其余都是女人。
有的女人觉得恋爱就像保龄球，只有一颗球是女人，其余都是男人。
当这两种人一起谈恋爱时……
就只会让对方变成一种球。
浑球！
你才是浑球！
EAST
WEST
SOUTH

男人心目中的“她”，通常只会出现在梦里。
女人心目中的“他”，也通常只会出现在梦里。
但梦中的他和她从不会相遇。
而不在梦中的他和她，却天天必须见面。
跟认识一个月的女人接吻。
跟认识三个月的女人接吻。
跟认识六个月的女人接吻。
跟不认识的女人接吻。

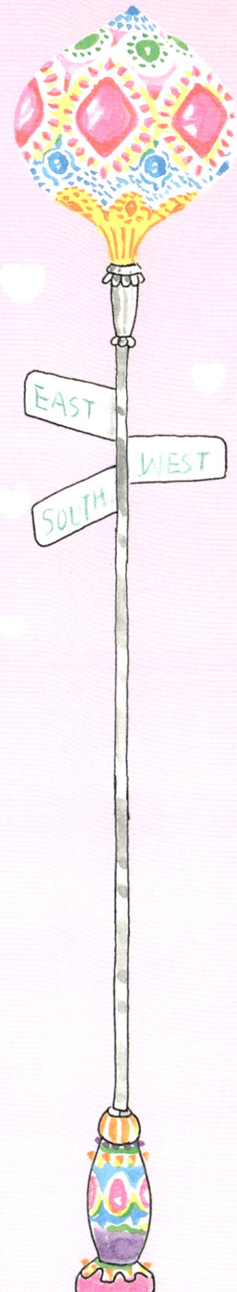
EAST
WEST
SOUTH

EAST
SOUTH
NORTH
男人伤心时……
每个人都能拥有爱情。
问题是能恋爱多久？
男人死心时……
每个人都能拥有婚姻。
问题是能幸福多久？
男人灰心时……
每个人都能拥有情人。
问题是能维持多久？
男人变心时……
不是，问题是能维持几个？

女人能从点烟的男人数量
知道自己的魅力指数有多高。
女人能从请香槟的男人数量
知道自己的魅力指数有多高。
女人能从送鲜花的男人数量
知道自己的魅力指数有多高。
女人也能从安慰的女人数量
知道自己的魅力指数有多低。
失恋54次
小CASE啦
来生命更好。
算了，当
老处女
没关系
我的第一任情人用跳楼自杀
结束了我们的恋情。
我的第二任情人用服毒自杀
结束了我们的恋情。
我的第三任情人用卧轨自杀
结束了我们的恋情。
我的第四任情人用慢性自杀
结束了我们的恋情。

我有双重人格。
白天的我拼命赚钱，晚上的我拼命花钱。
我能不能只跟白天的你谈恋爱？

我的人生充满着梦幻。
人生不可能只有梦幻，人生其实充满了现实。
我知道，现实的部分我都交给我男朋友。

我男朋友是个很自卑
的人，很不好相处。
我男朋友是个很自大
的人，也很不好相处。
你呢?
我男朋友是个很自由的
人，根本没机会相处。

每个女人都有梦想
中想拥有的男人。
每个女人也都有现实
上只能拥有的男人。
那女人的梦想和现
实之间隔多远呢?
通常都隔着一堆男人梦想
中想拥有的女人。

我曾经想自杀，但最后打消念头了。
因为不论服药、跳楼、上吊、卧轨都太难看了。人生在世何必把自己搞得那么难看。
所以我想通了，决定来美容、护肤、染发，好好约会一场。
太难看了。
人生在世，实在没必要那么死心眼。
人生对我而言就像是一扇扇的门。
这扇打不开就开另一扇，总会有一扇门能打开。
说得简单，我这扇门要是打不开就失业了。

我的业务员男朋友说，男女之间就是以物易物的关系。
我的工程师男朋友说，男女之间就是力点与力点的关系。
铃
我的厨师男朋友说，男女之间就是食物与配料的关系。
我的凯子男朋友刚才说，他与我已没关系了。
我主张男人不应该只拥有一个情人。
我主张丈夫不应该只拥有一位太太。
你觉得呢？
我主张不论男友或老公都不应该只拥有一份薪水。

嗨，
我——
STOP，我是能量大师，
你的能量已经告诉我，
你叫Pop，住A3室。
哇，厉害，那他呢?
奇怪?他的能量告诉我他要
去B6，但又好像要去C5……
有什么好奇怪的，哪
家没人我就上哪家。
B6
你为什么老是
把眼睛蒙住?
这世界太多假象，我
用“心”看就够了。
有的假象还是得
用眼睛看……

我好自卑，我有忧郁症……
我也有。
我也有。
我也有。
我也有。
我好自卑，我没有忧郁症……
你右边的有性格分裂症，后边的有狂躁症，左边的有忧郁症。
右后边的有妄想症，左后边的有自闭症。
那你呢？
我没事，我只是在等电影开演。
精神科门诊
他病得也不轻……

大家都有爱

- 这个时代就像一只正在加热的平底锅，我们大多数人则像锅里乱蹦乱跳的爆米花，唯一的差别只在你是甜的、咸的还是无味的。
- 现代人不快乐是因为大家都希望幸福，但是幸福却不够分。

唉，为什么每次看病都得这样颠簸摇晃？
喂，你到底还要这样开多久？
精神科门诊
别吵，下一站就快到了。
13门诊
你在干吗？
我在平衡这个地球。
13门诊
神经病，放下双手，我保证没事。
13门诊
真的吔，什么事也没发生。
13门诊
当然，因为我正在帮你平衡这个地球。

13门诊
你在做什么？
把天撑着别垮下来。
13门诊
哈，神经病，天是不会垮的。
经诊断，你有强迫症、注意力缺失症、焦虑症、选择性情绪失控症，你还有脑癌。
13门诊
妈呀，我的天垮下来了……
我要把高挂天上的月亮摘下来给你。
我要把划过夜空的流星拦下来给你。
怎么样，我们够不够资格当你的情人？
精神科
听起来你们够资格当我的病人。

大家都有爱

这是一个一半的人以正确的方法做错误的事情，一半的人以错误的方法做正确的事情的世界。

认为这个世界是喜剧的人会去找乐子，认为这个世界是悲剧的人会去找药方子。

大家都有爱

- 人生就像吃饭，其实很麻烦。如果吃太多，你会撑得不舒服；如果吃太少，你会一直在饿肚子；如果吃得不多不少，你会发现自己不停地在找食物。
- 现代人常常为了努力追求答案而忽略了题目。

我一个星期要换一个女朋友，不然我会疯掉。
我一个月要换一个女朋友，不然我会疯掉。
我一年要换一个女朋友，不然我会疯掉。
我一辈子都不用换女朋友，因为我已经疯掉了。
13门诊
我一周不看心理医生，就会寻死……
13门诊
我一周不看心理医生，就会想死……
13门诊
我一周不看心理医生，就会憋死……
他们一周不看心理医生，我就会饿死……

我是一个没人缘的人。
因为我永远无法和别人持续发展亲密关系。
例如，我只要跟人上过床后就会消失无踪。
你确定你是个没人缘的人吗？

我有朋友得了强迫症，一天要洗好几百次手。
我也有朋友得了强迫症，一天要关好几百次炉火。
哇，我得了强迫症，我一天要开好几百次门。

大家都有爱

在今天这个时代，
我们大多数的思想是一种抄袭，
我们大多数的生活是一种模仿；
我们大多数的感情是一种廉价，
我们大多数的幸福是一种交换。

大家都有爱

- 就因为幸福不容易在日常生活中被找着，所以大家才那么喜欢看电影和小说。
- 幸福其实是自私的，你必须拥有别人所没有的才会有幸福感。
- 要得到真正的幸福不是靠加法而是靠减法。

每个人都叫我帮他开门，我再也受不了了！！
你应该坚决地告诉别人，开门是你的工作，但开门不是你的人生。
叩……
去开一下门。
嗨，我叫红牌，住E2室，是个演员。
我演过皇帝，演过乞丐，演过神父，也演过拉皮条。
哇，真了不起。
唉，但我扮皇帝时演得像乞丐，扮乞丐时演得像皇帝，扮神父时演得像拉皮条，扮拉皮条时演得像神父……
E2

你好面熟，好像常看到你。
我拍过《小狗不在家》、《我很笨，所以活不长》，还有《马桶浴血战》。
这些片子我都没看过。
精神科诊所
原来我常在这看到你。
唉，每个人都轻视我是一个微不足道的小演员。
真希望有朝一日能让所有的人都围绕着我。
唉……

大家都有爱

● 现代人的问题是：每个人都希望成为一个有钱人而不是成为一个人。

● 每个人都希望成为富有的人，结果大家都先得了富有才会得到的心理疾病。

● 越有钱的人越穷，越穷的人则更穷。

大家都有爱

● 世上没有永远解决不了的问题，只有永远解决不完的问题。

● 心理医生就是让你花了很多钱教你问自己许多问题，然后再让你花更多钱叫你自己找答案的那个人。

她住十楼B5，是做电梯小姐的。
她住七楼E2，是做企划工作的。
她有时住八楼A3，有时住六楼E5，有时住九楼B7。
是做应召女郎的。
你给别人的快乐多还是别人给你的快乐多？
开始时是我给别人的快乐多，结束后是别人给我的快乐多。
我也是，我在做义工。
我在做应召女郎。

做应召女郎那么久，你有什么心得？
男人衣冠楚楚时是一种男人，一丝不挂时是另一种男人。
介于两者之间的是哪一种男人？
你老公那种男人。
我是应召女郎，我上过哲学家的床，上过企业家的床。
上过政论家的床，也上过艺术家的床。
那还有哪个家的床你想上？
自己家的床……

大家都有爱

● 男人和女人之间的问题就是他们互相认为对方有问题。

● 女人的成熟期是十八岁，男人则是八十岁。

● 当你停止思想时，你不是已陷入重度昏迷，就是陷入深度恋爱。

大家都有爱

- 据说有一种现代传染病，得了之后不是自己死就是对方死。这种病叫爱情。
- 找和自己缺点一样多的人结婚的几率，远远高过找和自己优点一样多的人结婚。
- 现代人就是什么都没有，但看起来什么都有。

今天天气风和日丽，打算上哪儿？
去寻求内心的平静。
不知道她们是去教堂还是寺庙或是冥修中心？
Shopping MALL
SALE
我跟胖子约会过，也跟瘦子约会过。
跟天使约会过，也跟魔鬼约会过。
哇，真是情场老手。
她狂吃时就成胖子，节食时就变瘦子，化妆时就是天使，卸妆后就是魔鬼。
结论：原来每个男人都拥有四个女人。

即使再大的雪，我
也要赴她的约。
即使再狂的风，我
也不能让她久等。
即使再恶劣的环境，
我也要见她一面。
这个男人的爱实
在太伟大了。
只要女人够
美，男人的
爱就够伟
大。

为什么现在那么多
女人都去整形？
因为女人得先把自
己整得像个女人。
然后呢？
然后才能把男人整得不像男人。

大家都有爱

- 我们每个人的人生就像一个蒙着双眼的魔术师对着台下一群也蒙着双眼的观众表演，竟然依旧宾主尽欢。
- 当人停止思想时，他可能是累了。当人开始思想时，他可能是疯了。

我是小偷，专偷女人的珠宝，发现有许多珠宝都是假的。
我也算是小偷，我专偷女人的心。
心总不会有假的吧？
心不会，但人会。
化妆后
化妆前

书上说有一种病叫做“认知混淆症”。
就是常常分不清现实和非现实之间的差异。
例如会把一个丑八怪看成貂蝉。
诚征
认知混淆症
男友一名

如果你不送我那件上衣，
我就跳楼！
呀，妖怪！
如果你不送我那条裙子，
我就服毒！
啊，鬼呀！
如果你不送我那顶帽子，
我就卧轨！
哇，八爪妖女！
我好像在买寿衣……

精品
精品
哈，这还有一家。
精
下次看清楚！！
精神病院
下次你忍不住狂购时，就用数数字来制止冲动。
价钱标多少，就从一数到那个数字。
13门诊
嗯，有道理。
你们快帮忙从一数到一万五千，我先试穿衣服。
15000

以前的女人是男人的奴隶，
现在的女人是时尚的奴隶。
那为什么要做时尚的奴隶呢？
当然是为了男人呀。
唉，现在的女人还是
男人的奴隶……

我迟到是因为途中遇上塞车。
我迟到是因为途中遇上抢匪。
我迟到是因为途中遇上地震。
我迟到是因为途中遇上她。

有牌子吗？
有宝石吗？
有镶钻吗？
有保险吗？

唉，我是一个苦命的男人。
一辈子都被女人踩在脚下。
别想太多，我带你去按摩，
舒缓一下心情吧。
唉……

这是桧木的椅子。
这是樟木的箱子。
这是梨木的桌子。
这是麻木的男子。
两个适合的人竟然老是碰不到一起？真是狗屎电影！
两个不适合的人竟然老是碰到一起，真是狗屎人生！

I am always missing...

城市每天清醒一次，我们每天迷失一次。

第2章

大家都有玩

2006年的男友

2007年的男友

2008年的男友

2009年的男友

2010年的男友

我应该在2006年
就结婚的……

2011年的男友

我是Miss Change Everyday，
就算我每天都不变，世界也会每天都在改变。

这是一个不甘心的时代。
女人找不到真心爱的男人，一辈子不甘心。
但当女人找到自己真心爱的男人之后……
那个被找到的男人一辈子不甘心。
男人希望女人矜持。
女人希望男人稳重。
男人也希望女人美丽。
女人也希望男人英俊。
男人更希望女人柔顺。
女人更希望男人听话。
所以为了满足彼此需要，现代男女都有人格分裂症。
WEST
EAST
NORTH

意外……
如果没有法律，百分之九十的女人会一刀捅死男友。
意外……
HOTEL
如果没有法律，百分之九十的男人会一棍抡死女友。
意外……
所以法律保障了男女之间的婚姻。
致命的意外……
也同时保护了男女之间的性命。
WEST
EAST
NORTH

EAST
WEST
SOUTH
我做了法律不允许的事……
爱情进化第一阶段——
男人不富，女人不爱。
我做了法律不允许的事……
爱情进化第二阶段——
男人不坏，女人不爱。
我做了法律不允许的事……
爱情进化第三阶段——
男人不孬，女人不爱。
我做了法律允许的事，下场
也没好到哪儿去……
爱情进化最后阶段——
男人不死，女人不爱。
还真有点
想他……

二十年前的女人……
我有一个有钱老公，你有吗？！
三十年前的痴心男人……
十五年前的女人……
我有一个自己的事业，你有吗？！
二十年前的痴心男人……
五年前的女人……
我有一堆名牌衣服、鞋子、皮包，你有吗？！
十年前的痴心男人……
现在的女人……
我有忧郁症、厌食症、自闭症、狂躁症，你有吗？！
现在的痴心男人……
结论：痴心男人越来越少，就像超人一样，即使有，也没人相信有。
EAST
WEST
SOUTH

只要我生气，男朋友就会送我礼物，不然就会被我痛打一顿。
我也是，只要我生气，男朋友立刻送礼物，不然就会被我痛揍一顿。
你呢？
差不多，但顺序不同。
男朋友先送我礼物，然后我看完礼物就会生气，才把男友痛扁一顿。
大礼物盒里包着中礼物盒，中礼物盒里又包着小礼物盒！
小礼物盒拆开后什么礼物也没有！？
礼物就是这么回事，重点是享受拆礼物盒的惊奇而不是礼物本身的惊奇。
你慢慢享受把自己拆开来的惊奇吧！

心理医生说阴雨天是忧郁症的好发期。
没错吔，上周就有好多人自杀。
胡说，阴雨天就把我的忧郁症治好了，现在我快乐得不得了。
卖伞

我的第一任女朋友有忧郁症。
我的第二任女朋友有狂躁症。
我的第三任女朋友有自卑症。
我的第四任女朋友长得不够正。

我女朋友有强迫症，
我快疯掉了。
她每天强迫自己
洗几十次手？
不是。
她每天强迫自己
关几十次炉火？
不是。
她每天强迫我送
几十次礼物……
根据你的刷卡金额看
来，显然你病了。
这是为了证明对我女
朋友的爱才刷的。
精神科门诊
根据你女朋友的长相看
来，显然你还是病了。

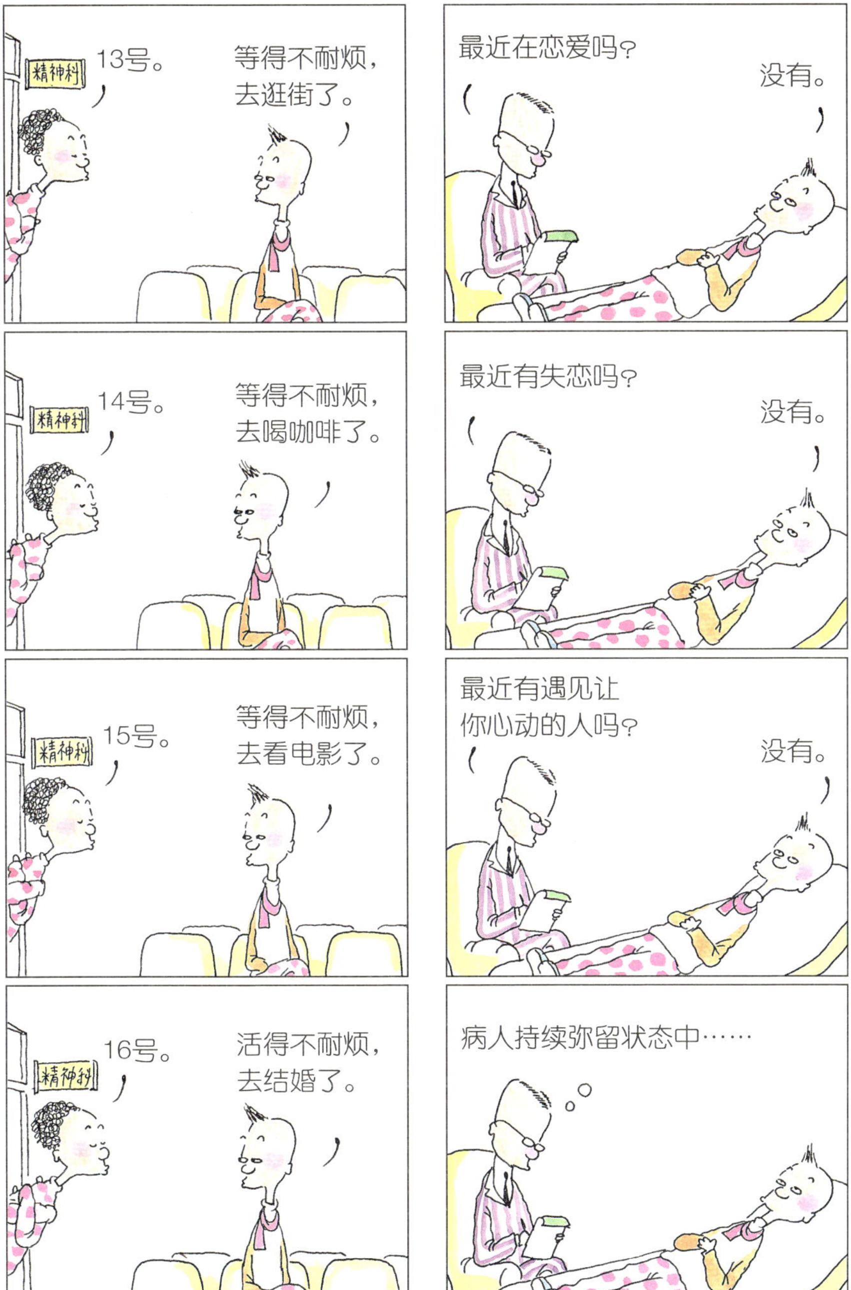
精神科
13号。
等得不耐烦，
去逛街了。
最近在恋爱吗？
没有。
精神科
14号。
等得不耐烦，
去喝咖啡了。
最近有失恋吗？
没有。
精神科
15号。
等得不耐烦，
去看电影了。
最近有遇见让
你心动的人吗？
没有。
精神科
16号。
活得不耐烦，
去结婚了。
病人持续弥留状态中……

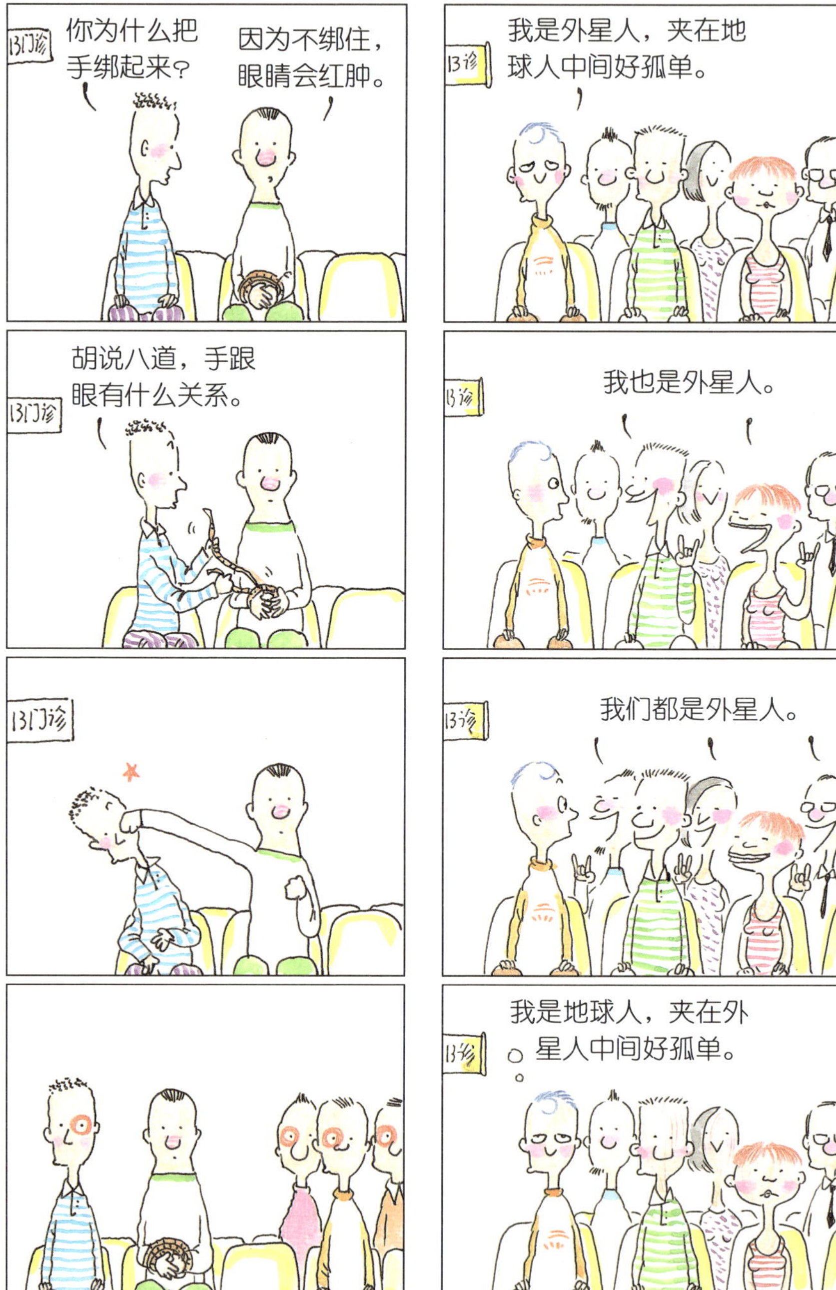
13门诊
你为什么把手绑起来?
因为不绑住，眼睛会红肿。
13门诊
胡说八道，手跟眼有什么关系。
13门诊
我是外星人，夹在地球人中间好孤单。
我也是外星人。
我们都是外星人。
我是地球人，夹在外星人中间好孤单。

13门诊
13门诊
没人要看你的表演，你被开除了。
13门诊
别难过，我介绍你去适合你的地方。
你是做什么的？
马戏团狮子训练师。

大家都有玩

●世上没有永久的快乐，也没有永久的痛苦，大部分的我们都只是处在这两者之间。

●有些人的人生是一场战役，有些人的人生是一段游戏，有些人的人生是一盘棋局，有些人的人生是一出戏剧。

我想当这部片子的男主角当不成。
POWER
我想当这部片子的男配角当不成。
POWER
Sorry，票卖完了。
我想当这部片子的观众也当不成……
POWER
你为什么来？
我得了失忆症，你呢？
真巧，我也是因为失忆症来的。
哇，真巧。
你为什么来？
我得了失忆症，你呢？
天呀，他们这样已经七遍了。

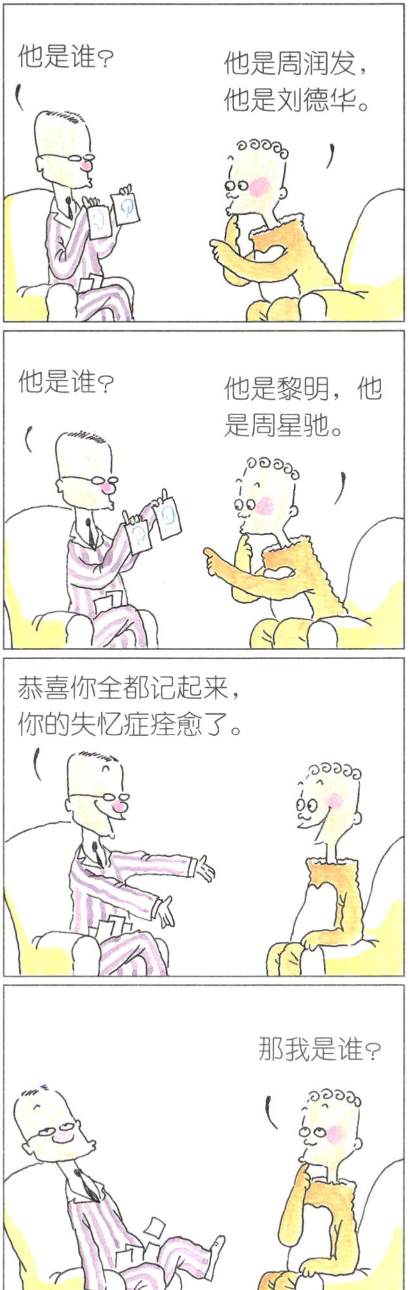
他是谁？
他是周润发，他是刘德华。
他是谁？
他是黎明，他是周星驰。
恭喜你全都记起来，你的失忆症痊愈了。
那我是谁？

人活在这世上就是不断地挣扎。
但只要拥有勇气，再困难的事也能克服。
没错，现在我内心充满了勇气去做一直不敢做的事。
也许我说话的场合不太对……

大家都有玩

● 以前人的灾难现场，大部分是在战场；现在人的灾难现场，大部分是在职场，还有情场。

● 走进疯人院你会发现最大的差别是：他们似乎比你快乐。

大家都有玩

● 到底是这个世界每天在找我们每个人的麻烦？还是我们每天在找这个世界麻烦？

● 每个人心里都有一个天使和一个魔鬼，有的人甚至有很多个。

● 我们内心的价值经常和外界的价值纠缠不已。

我老婆说我是老鼠，
我老板说我是饭桶。
我父母说我是寄生虫，
我朋友说我是笨猪。
你别想不开，
蝼蚁尚且偷生。
哇，一个陌生人竟
然说我是蚂蚁。

我曾得过恐慌症，连出门都不
敢，只能透过百叶窗往外看。
那现在呢？
现在已经能出门了。

这是自从我得了恐慌症之后第一次约会。
我到底该穿哪一件衣服赴约呢？
这是自从我得了恐慌症之后第一次约会。
我到底该拿哪一扇窗子赴约呢？

我女朋友把我甩了，所以我不想活了。
我女朋友也把我甩了，所以我不想活了。
你呢？
我女朋友怎么甩也甩不掉，所以我不想活了。

大家都有玩

● 如果一个人缺乏人生哲学，他会变得易怒、愚蠢、固执。

如果一个人拥有人生哲学，他可能还是易怒、愚蠢、固执，但会为自己找到一套说法。

● 人的原则就像是袜子，需要天天换洗来保持。

大家都有玩

● 所谓悲观主义者，就是看到蛋糕上有一只苍蝇的人。

所谓乐观主义者，就是也看到那只苍蝇，然后把那块蛋糕切给别人的人。

● 在不幸运者的眼中，幸运者都是浑蛋。

这就是赫赫有名的自杀三兄弟。
他们稍有不顺就会结伴跳楼自杀。
有时他们会摔断自己的腿骨，有时他们会摔断自己的肩骨。
有时他们会摔断男人的那一根“肋骨”……
老婆!!
自杀三兄弟又相邀来跳楼，大前天他们因失恋而跳。
前天他们因失业而跳。
昨天他们因忧郁、躁郁、抑郁而跳。
今天他们因找不着理由而跳。

我可以服毒来证明对你的倾心。
且慢，跳楼不是解决问题的唯一办法。
我可以上吊来证明对你的迷恋。
我可以卧轨来证明对你的执着。
结果自杀三兄弟证明除了自己喜欢自杀外，还会把别人也搞到自杀……
没错，跳楼不是解决问题的唯一办法。

大家都有玩

- 生命的起点是出生，终点是死亡，中间过程则常常只是半死不活。
- 人们会赋予生命各种意义，然后再被充斥在自己身边的各种意义搞死。
- 人生如戏：一场廉价的闹剧但票价却很昂贵。

大家都有玩

●人们喜欢进戏院是因为他们需要享受另一段刺激而没有后遗症的人生。

●我们每个人都是某种程度的填充玩具，因为每天我们都让工作、爱情、欲望、成功充斥在我们的身体里，而且永远玩不腻。

4楼那天搬来了焦虑二人组——凸桑和凹桑。
他们每天不是担心小孩学业就是小孩安全要不就是小孩交友。
直到有人提醒他们根本还没有小孩。
于是焦虑二人组才决定还是先担心是否生得出小孩。
我好焦虑，今天到底该带雨伞还是阳伞？
我也很焦虑，如果下雨却带了阳伞，不下雨却带了雨伞，那该怎么办？
你们什么都焦虑，迟早会跳楼。
带降落伞。

一般夫妻的争执。
看这部片子。
看这部。
Kill
LOVE
一般夫妻的争执。
吃这家餐厅。
吃这家。
川菜
粤菜
一般夫妻的争执。
买这件衣服。
买这件。
焦虑二人组凸桑和凹桑夫妻的争执。
13
15
看这个焦虑科。
看这个。

焦虑二人组凸桑和凹桑
星期一为世界和平焦虑，
星期二为生态环境焦虑。
星期三为石油危机焦虑，
星期四为社会治安焦虑。
星期五为身体健康焦虑，
星期六为全人类幸福焦虑。
星期日为所有被他们搞焦虑的人们而焦虑。

大家都有玩

- 人生的悲哀是：每个人都想做赢家，但有赢家，就有输家。
- 人性的悲哀是：大多数人都想成为有钱人，但有钱人只能是少数人。
- 生命只分三种，好命、坏命、活命。

大家都有玩

- 我们这个时代的人，先被贫穷毁坏一次，再被富裕毁坏另一次。
- 这是一个全面促销的时代，从商品到人格皆是如此。
- 人是无价的，可惜其他所有的东西都有价。

嗨，Pop，好久不见。
我不是Pop，我是Pop身体里另一个人叫Peter。
嗨，Peter。
我不是Peter了，现在我是Peter身上另一个人叫Ron。
嗨，Ron。
我又不是Ron了，是Ron身上另一个人叫Ban。
少啰唆，医生说你得付四个人的诊疗费。
你身上同时有Pop、Peter、Ron跟Ban四种人格，难道不会困扰你日常生活？
不会呀，我调适得很好。
怎么调适？
Pop负责赚钱，Peter负责恋爱，Ron负责上床，Ban负责善后。

你怎么了?
我身上四种人格
打成一团。
你不是调适
得很好吗?
但Pop不想再赚钱，Peter只
想上床不想恋爱，而Ban不要
再帮Ron擦屁股
收拾善后了。
红色药丸是给Pop，蓝色药
丸是给Peter，黄色药丸是给
Ron，绿色药丸是给Ban。
按顺序服药，你身体里的
四种人就会相安无事。
那紫色药丸是
给谁吃的?
哦，那是配色用的，这样
药袋看起来比较漂亮。

大家都有玩

- 生命是一场骗局：老年人哄年轻人，年轻人哄小孩，小孩再哄老年人。
- 命运就像赌桌上的轮盘，盯得太紧会头晕。
- 我们的人生每天都在赌，赌明天是否还能继续赌。

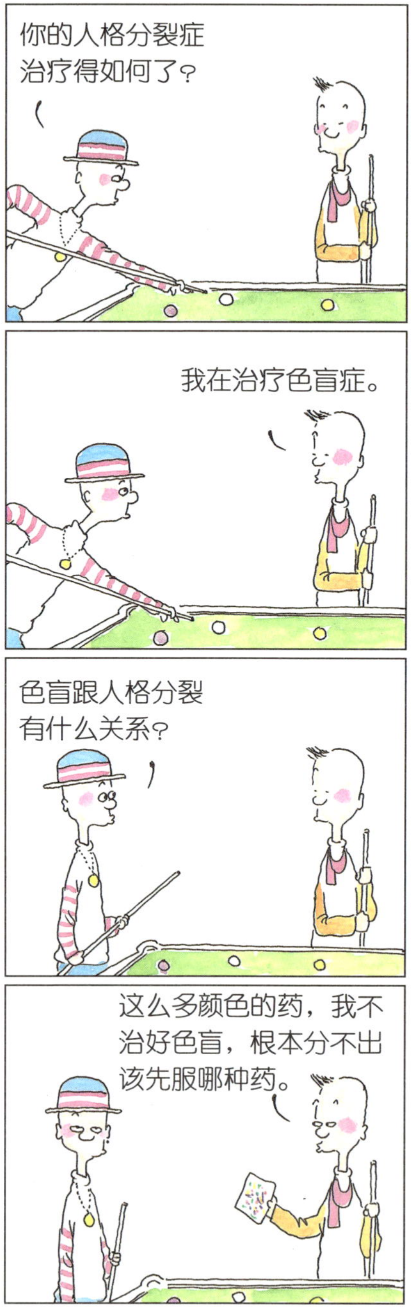
你的人格分裂症
治疗得如何了？
我在治疗色盲症。
色盲跟人格分裂
有什么关系？
这么多颜色的药，我不
治好色盲，根本分不出
该先服哪种药。

为什么一翻开报纸
全是垃圾新闻？！
为什么一打开电视
全是垃圾节目？！
为什么一吃饭
全是垃圾食物？！
为什么一上街全是垃圾男人？！

我要去寻找属于我的人生，否则就不回来。
她下午就会回来。
限量
哇，限量皮包，快抢！
我要去寻找属于我的梦想，否则就不回来。
她傍晚就会回来。
哇，限量鞋子，快抢！
限量
我要去寻找属于我的真爱，否则就不回来。
哇，限量服装，快抢！
限量
她永远也回不来了。
什么都在限量，就是笨蛋不限量。

唉，门房这行业真不是人干的，站得我快累死了。
唉，电梯小姐这行业真不是人干的，站得我快累死了。
你呢？
唉，应召女郎这行业真不是人干的，躺得我快累死了。
有没有折扣？
有没有折扣？
唉，真受不了这些贪小便宜的女人。
有没有折扣？

先生，请进。
我整天帮人开门，为什么就从来没有人帮我开门？
他连回自己家都这样，他的职业病越来越严重了。

自杀三兄弟约好每一周跳一次探戈。
每二周跳一次华尔兹。
每三周跳一次佛朗明哥。
每四周跳一次楼。
恭喜诸位。
经仔细诊断，你们除了原有的忧郁症、狂躁症、强迫症、自卑症之外。
没有任何新的心理疾病在你们身上产生。
恭喜个什么，以后还是只能为这些旧毛病而自杀，一点新鲜感也没有……

我的女人跑了，
我要去死！
我的女人跑了，
我要去死！
我的女人死了，
我不必去死了！
恭喜你们已经十天没
自杀了，应该要好好
犒赏一下自己。
说的也是，但我人缘
太差办不成Party。
我身无分文吃
不起大餐。
我光棍一个谁
与我同庆。
第二天，自杀三兄弟又自杀了。

No more adventure.

这个世界再也不需要我们自己真正可以去冒的险了。

第3章

大家都有梦

狂雨
飓风
烈日
闪电
暴雪
冰雹

我是**Mr.**无辜者，为什么我身旁每个人的情绪变化比气候异常还要难测……

NORTH
SOUTH
WEST
餐厅分真五星级的
和假五星级的。
饭店分真五星级的
和假五星级的。
女人也分真五星级的……
和假五星级的。
有人用音乐讨女人欢心。
有人用魔术讨女人欢心。
有人用情歌讨女人欢心。
有人用钱讨女人欢心。
结论：有人和有钱
人还是有差别的。

你愿不愿意为我生孩子？
愿意。
有钱的男人
你愿不愿意为我生孩子？
愿意。现在刚
好有现货。
没钱的男人

整形前的女人。
整形后的女人。
整形前女人的男人。
整形后女人的男人。

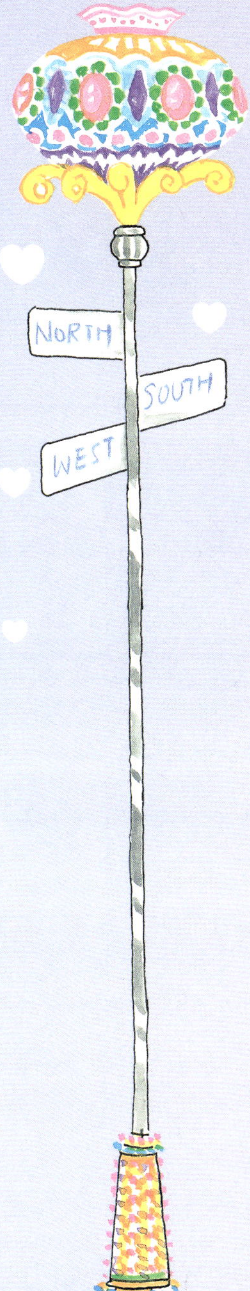
NORTH
SOUTH
WEST

SOUTH
EAST
WEST

神呀，给我钞票，这才是幸福。
神呀，再赐我美女，
这才是幸福。
哇，这么多钱，我要去狂买了，
这才是真正的幸福。
帅男看到美女时的表情。
美女看到美女时的表情。
丑男看到丑女时的表情。
丑女看到丑女时的表情。

女人见到美女，就会
希望变成她。
男人见到美女，也会
希望女友变成她。
然而女人会用努力的方式。
男人会用想象的方式。
我在KiSS
刚才那个女人
这不是我的钱。
从小爸爸教我们
不是自己的不能要。
这不是我
的皮包。
从小妈妈教我们
不是自己的不能要。
这不是我的礼物。
从小老师教我们
不是自己的不能要。
整形诊所
我要！我全部要！
隆鼻……
双眼皮…
丰乳……
拉皮……
为什么长大后，不是
自己的全都要了……
SOUTH
EAST
WEST

哪一种女人值
得拼命追求?
美丽、聪明、贤慧、温柔、矜
持，要结婚时愿意和你结婚。
哪一种女人不值
得拼命追求?
美丽、聪明、贤慧、温柔、矜
持，要离婚时不愿意和你离婚。

你在想什么?
我在想二十
年后的事。

双份冰淇淋，双份可乐，
双份薯条，双份汉堡。
我什么都要双份，
否则没有安全感。
那婚姻呢？老公总
不能双人份吧？
谁说不能。
TWINS

如果有三个愿望，我希望
拥有权力、财富和美女。
如果有三个愿望，我也希望
拥有权力、财富和美女。
我能不能有
四个愿望？
为什么？
我希望能先和老婆离婚，
然后再实现另外三个愿望。

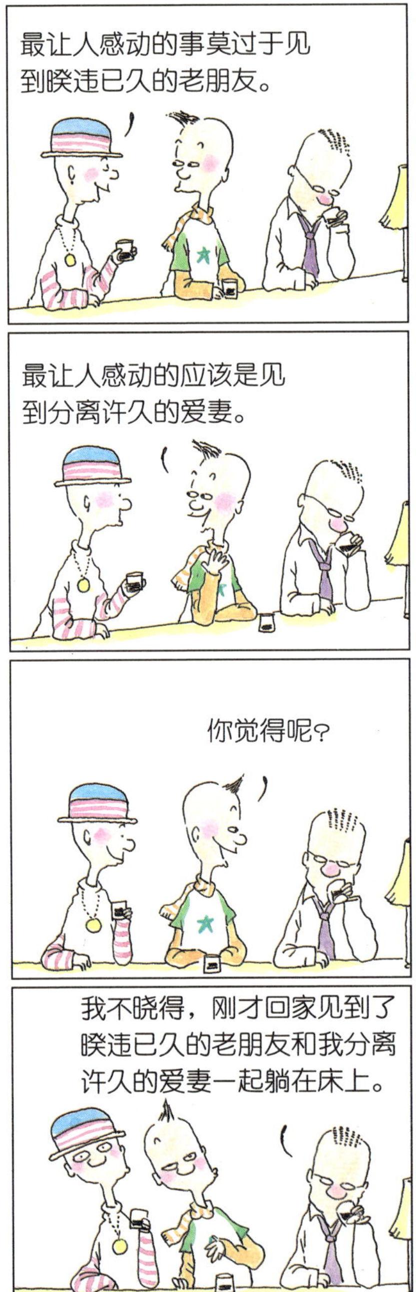
最让人感动的事莫过于见到暌违已久的老朋友。
最让人感动的应该是见到分离许久的爱妻。
你觉得呢？
我不晓得，刚才回家见到了暌违已久的老朋友和我分离许久的爱妻一起躺在床上。

可恶，又迟到，这个没时间观念的母狗，等下一来就先甩她五巴掌。
然后烧她头发，拍她裸照，提光她的钱，再卖她到火坑。
噢，亲爱的，你来了呀，没关系，我没生气，我也才刚到。
你要我陪你看什么病？
双重人格分裂症。

精神科
我觉得我是一朵喇叭花。
精神科
我觉得我是一朵玫瑰花。
精神科
你呢？你觉得你是什么花？
精神科
我不觉得我是花，但我觉得这朵花是人。

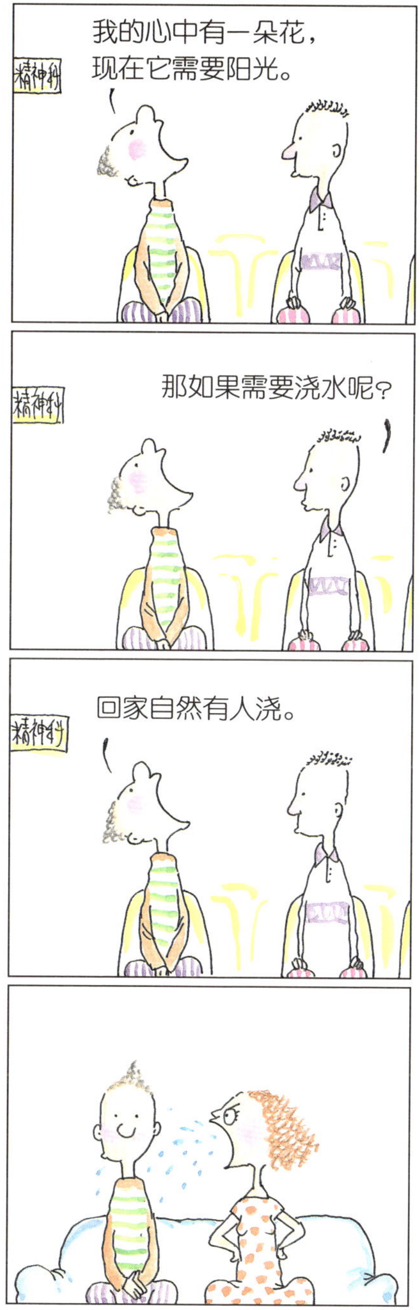
精神科
我的心中有一朵花，现在它需要阳光。
精神科
那如果需要浇水呢？
精神科
回家自然有人浇。

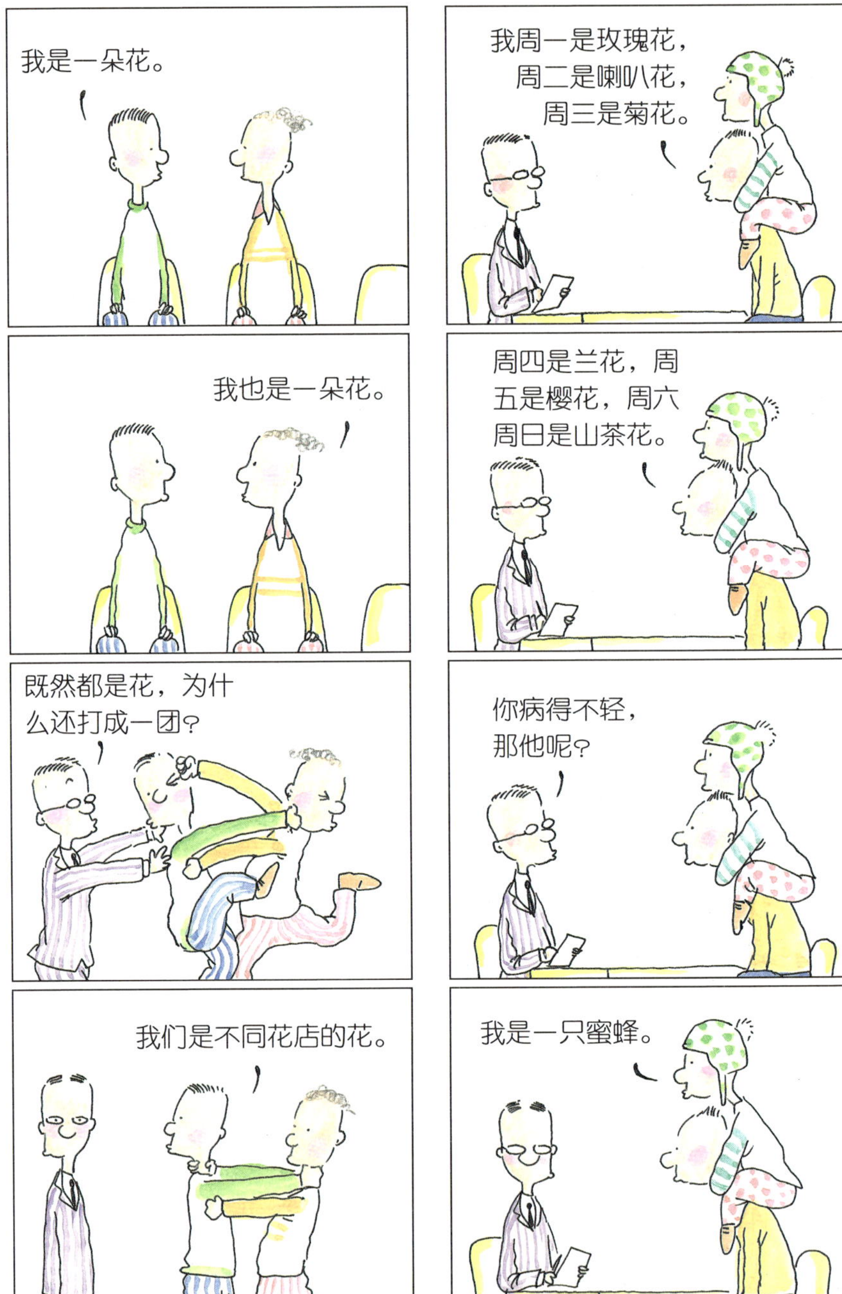
我是一朵花。
我也是一朵花。
既然都是花，为什么还打成一团？
我们是不同花店的花。
我周一是玫瑰花，周二是喇叭花，周三是菊花。
周四是兰花，周五是樱花，周六周日是山茶花。
你病得不轻，那他呢？
我是一只蜜蜂。

精神科
我是一朵带刺的玫瑰花，每个男人都怕我……
精神科
我是一朵带球的玫瑰花，每个男人都缠着我……
精神科
没听过带球的玫瑰花？

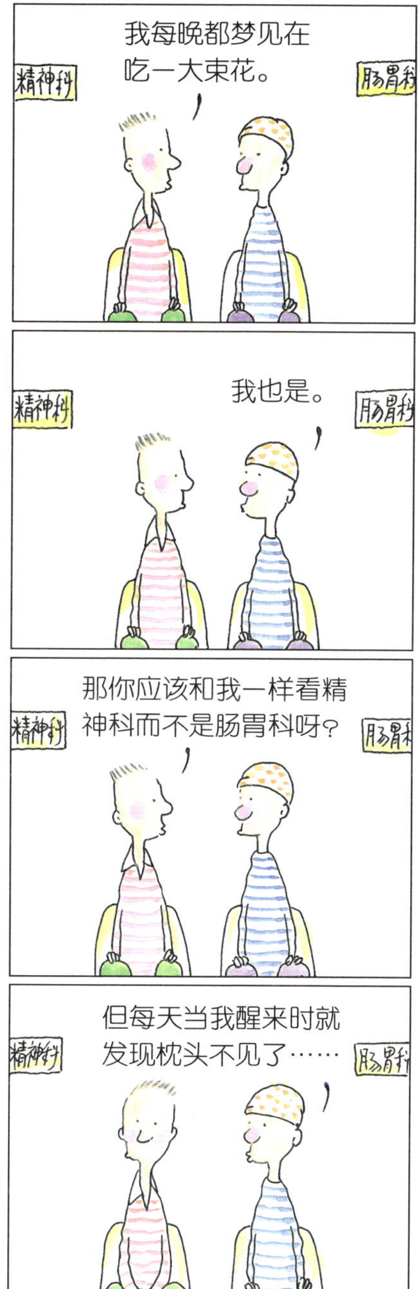
精神科
肠胃科
我每晚都梦见在吃一大束花。
精神科
肠胃科
我也是。
精神科
肠胃科
那你应该和我一样看精神科而不是肠胃科呀？
精神科
肠胃科
但每天当我醒来时就发现枕头不见了……

大家都有梦

- 理想与梦想的差别在于：理想是符合众人标准的，梦想则是只符合自己要的。
- 所谓理想主义者，就是认为每个人都该放下自己的理想去追求他的理想。

13门诊
他有什么毛病？
有一天他看了本书，上面说所有的性幻想都来自大脑，所以脑才是主宰性的器官。
这听起来没什么问题呀？
但从那天之后，他就把保险套戴在头上了。

A病患有严重焦虑症，建议先服药，B病患有被迫妄想症，建议电击治疗。
C病患有人格多重分裂，建议——
哇
C病患不必再接受任何治疗了。

呀
呀
哈
并不是每个能掀开的东西都是礼物。

大家都有梦

- 每个人的一生都是一座迷宫，有的人在找出口，有的人在找入口。
- 商业社会分两类人：一类是有前途的人，一类是似乎很有前途的人。
- 一个人成功不成功要看他对世界的怀疑有多少。

大家都有梦

● 人们不停地往前冲追求理想，可惜绝大多数人最后就只剩往前冲这部分。

● 电脑让我们停止社交，手机让我们盲目沟通，商品让我们不再思考，业绩让我们激发贪婪，我们活在一个真实的假人世界。

现在是一个什么都很竞争的时代。

百货公司又周年庆了。
每年都周年庆，到底在庆祝什么？
庆祝每年都有一堆傻蛋挤去周年庆。

有嫌疑……
周年庆
如果买冰雪保湿霜再加三千就送绿茵清新彩妆礼盒……
有嫌疑……
周年庆
再加四千就送千年不皱护肤露，若凑五万再送五千，另加二千还送黑暗宇宙睫毛膏……
有嫌疑……
周年庆
再凑六千再送美丽随身包，加上三千还有迷人勾魂香精一组……
特价区
所有来周年庆大采购的女人都有嫌疑……
SPA
累死我了……

大家都有梦

- 「感觉」让我们存在，但在现代社会「感觉」却所费不赀。
- 生活应该是一种梦想，人生应该追求理想，但现代的商业模式却让我们不会想。
- 现代人的问题：就是脑和心是分开的。

大家都有梦

●这年头胆大的人越来越少，心大的人倒是越来越多了。

●人的贪婪就如同牙膏一样，当它被挤出来之后，就很难再挤回去。

●人与人之间最远的距离是钱的距离。

一群美女进来……
周年庆
买万送千
一小时……
两小时……
周年庆
买万送千
三小时……
四小时……
周年庆
买万送千
一群疑似美女出来……
周年庆
买万送千
周年庆魔力真是惊人，
我只是上来跳楼……

我们的服装美丽得像是给神穿的。
满两万，送茶具组，满四万，送咖啡壶。
SALES
我们的皮包高级得像是给神用的。
满八万，送限量皮包，满十五万，送手工项链。
我们的首饰尊贵得像是给神戴的。
满一百万送什么？
那为什么你们的账单是给人付的？
送去治疗狂买症。

大家都有梦

- 真想把这一生需要用的钱一次赚到——可惜每个人都这么想。
- 在现在这个时代，财富就像神灯里的精灵，一旦拥有了它，就能为你实现所有的愿望。
- 世上真正能不断地回收、释出的就是钞票。

大家都有梦

- 成为富人的两个理由：第一个理由是你喜欢钱，第二个理由是你不喜欢别人比你有钱。
- 钱可以让你成为所有你想要成为的人，但你想要成为的人不会让你得到所有的钱。
- 穷人的笑话只有富人才笑得出来。

为了治疗我的狂买症，医生在我脑中装了一个制约芯片。
只要大脑一想到跟Shopping有关的事情就会被电击。
我看你很好呀，买了一堆都没被电击。
傻瓜，哪个女人Shopping时会用大脑。

我想跳楼。
我想投河。
我想结婚。
你是三兄弟里自杀倾向最严重的。

为了避免引发你们的自杀倾向。
你们就做些轻松点的事吧，例如逛逛街。
失血大贱卖
跳楼SALES
自杀式减价
唉……
唉，我后悔了。
唉，我也后悔了。
你的两兄弟自杀都后悔了，你为什么还要跳？
傻瓜，不跳怎么会后悔！

大家都有梦

- 人生到底是要让钱为我们工作还是我们为钱工作？我们大部分人只能选择后者，因为人比较听话。
- 世界上大部分的问题其实都是经济问题，但人类却不是经济的动物，而是贪婪的动物。

大家都有梦

● 所谓通货膨胀就是：不论是任何东西你都发现应该去年就买。

● 什么都会因通货膨胀而份量减半，除了贪婪。

● 成功是靠百分之一的努力和百分之九十九的笨蛋型消费者——一个商人如是说。

拿破轮是个杀手。
杀手！他看起来像个杀手。
平日深居简出身份隐匿，生活低调行为收敛从不招摇。
所有的杀手都是这种姿势。
这种行事风格相较于一切讲求外露的社会更属难得。
难道手放进衣服里就是杀手？
以致于左邻右舍也很配合，都佯装不知他是个杀手。
不一定，有的是扒手。

杀手！
杀手！
杀手！
杀手！
不行，我一定要改变习惯动作，否则太容易暴露身份……
拿破轮自从改变习惯动作后，惹来更多异样眼光。
但他既不想恢复原来的习惯，也不能维持目前的动作。
想了很久，他终于想出来了。

大家都有梦

- 借钱是一种信用，避免还钱则是一种技术。
- 每个人都有他的价值，所以人类发明了上班制度，用薪资显现其价值。
- 商业是一种愉快的游戏，但那种愉快只属于成功者。

大家都有梦

● 一个高度竞争的商业社会最后会只剩下两种人：失败者和胜利者。而这两种人会得相同的心理疾病。

● 我们未来的社会会有百分之十的老板和百分之九十的员工，以及百分之百的神经病。

每个人都有惯用语，
我的是“嘴张大点”。
我也是。
嘴张大点。
嘴张大点。

这道疤是陪黑手党教父抢地盘时被别人打留下来的。
这道疤是陪山口组老大抢保护费时被别人打留下来的。
这道呢？
这道疤是陪女朋友去抢百货公司打折品时被别的女人打留下来的。

阿文是个Taxi司机，
也是一个沉默的司机。
他不谈政治，不谈经济，不
谈社会，只谈乘客的问题。
当他听完乘客的问题后就
会在车资中加收谈话费。
所以最后永远只有乘
客和他之间的问题。
AM时段……
PM时段……
SM时段……

大家都有梦

● 所谓有钱人就是：不论用何种方式，每隔十分钟就会提醒别人一次自己是有钱人、再每隔十分钟就会提醒自己一次自己是有钱人的那种人。

● 科学家用数字计算让人类登陆月球，企业家用数字计算让人类成了受薪阶级。

大家都有梦

● 当一个地方的人的成就重要性超过生活、物质重要性超过心灵时，那个地方的人就会产生心理疾病。

● 人类要改善自己的生活应该用心灵而非金钱。

● 金钱是一个既有魅力又令人厌恶的双面人。

直走左转再右走……
不对，左转再右转再直走……
错，直走回转再直走……
错，直走左转再直走……
笨蛋，你走错了！
白痴，你才走错！
直走左转再直走。
右转左转再直走。

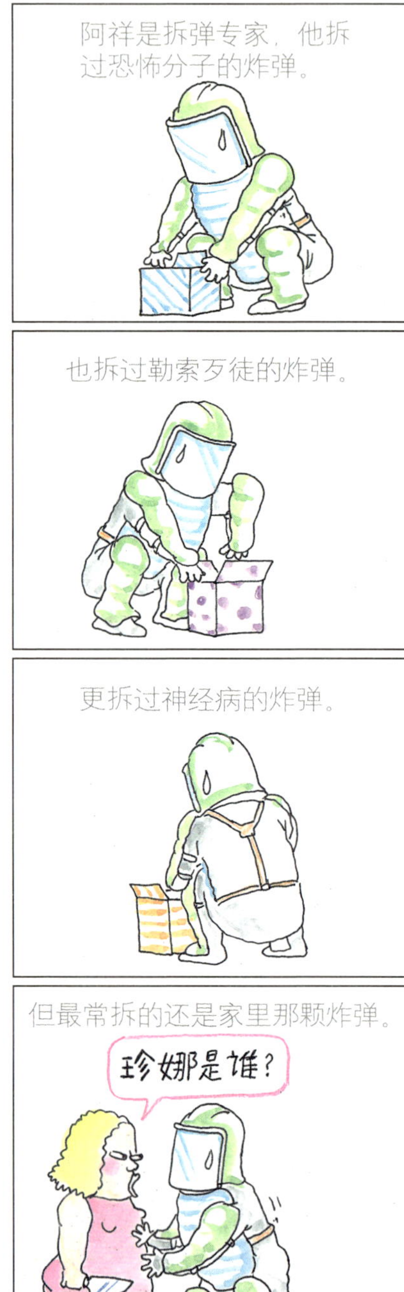

阿祥是拆弹专家，他拆过恐怖分子的炸弹。
也拆过勒索歹徒的炸弹。
更拆过神经病的炸弹。
但最常拆的还是家里那颗炸弹。
珍娜是谁？

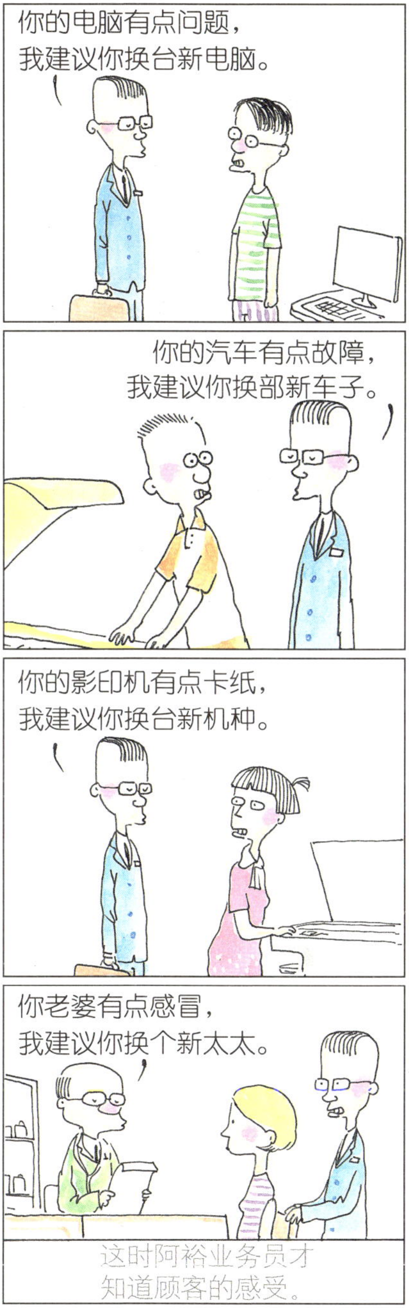
你的电脑有点问题，
我建议你换台新电脑。
你的汽车有点故障，
我建议你换部新车子。
你的影印机有点卡纸，
我建议你换台新机种。
你老婆有点感冒，
我建议你换个新太太。
这时阿裕业务员才知道顾客的感受。

我是恐怖分子，要向
世人宣布主张。
太好了，麻烦你过来。
可以了，就站这位置。
记住，等旁边的
爆完了就换你。
一个想节省成本的耶诞晚会烟火承包商。

大家都有梦

● 普通人愿意用他的一生来换取财富，聪明人则会用许多人的一生来换取自己的财富。

● 世上没有人性化的企业，因为人性和数字是相违背的。

大家都有梦

● 所有伟大的事业都开始于梦想而终结于数字。

● 连锁是一种罪恶，量产是一种浪费。

● 现代商人不再把垃圾丢掉，他们把垃圾重新包装再用广告推销给我们。

各位女士先生，有鉴于节目表演品质……
在演出期间请勿使用照相机、摄影机及闪光设备……
也请关闭手机及任何设有闹铃的装置，谢谢合作。
讨厌……
恐怖组织
帮我剪成这个明星的模样。
好了，头发部分剪完了。
剩下脸的部分你找整形医师剪。

大家都有梦

● 富人与我们最大的不同在于：他们会用我们的钱赚钱。

● 人生最大的谬论之一就是：时间就是金钱（Time is money.）。因为大部分的人所花的时间和所挣的金钱根本不成比例。

喂，拜托你别这么有职业反应，好吗？！

你晚上到底要不要吃鸡？！
习惯成自然的保镖……

大家都有梦

●世上最善于离家出走的就是你的钱。

●好朋友不需要太多，两个就够了，一个肯借你钱，另一个肯参加你的葬礼。

●我们大部分人每天基本上都做着无意义的工作，而自己和老板都不知道这个真相。

保镖在做自己该做的事。
保镖在做自己该做的事。
保镖在做自己该做的事。
保镖和设计师都在做自己该做的事。
想变成这女人的模样，不晓得要花多少钱？
Dreams
ON SALE
想变成这女人的模样，不晓得要花多少钱？
想变成这女人的模样，不晓得要花多少钱？
Love
不想变成这女人的模样，不晓得要花多少钱？

这是我削骨、垫鼻、丰臀、隆乳及塑身所需的全部预算。
因为我要变成一个跟以前完全不一样的人。
嚇！
你老公现在变成一个跟以前完全不一样的人。
没人看我……
没人在乎……
没人被吓……
唉，打击有点大……
公众澡堂
一个有病又搞不清楚状况的暴露狂。

大家都有梦

● 所谓先驱者，就是用明天的想法来思考今天的事情。

● 我们的贪心胜过我们的需要，什么都要双份。

● 我们正处在「一个不够」的时代：一支手机不够、一份薪水不够、一位情人不够、一辆车子

大家都有梦

不够、一栋房子不够……我们对外面的世界过度需求，对每天的自己过度使用。「一」不再是单纯的数字，而是一个欲求不满的代名词。你认为：到底我们真正需要的是多少？

●我们每个人都必须有一套专属于自己的「个体

百分之八十的男人看见美女会想到“上床”这两个字，百分之八十的女人看见俊男会想到“恋爱”这两个字。
百分之八十的男人看见丑女会想到“逃跑”这两个字，百分之八十的女人看见恶男会想到“厌恶”这两个字。
你呢？
我不识字！

你可以选择笑脸面对人生。
你可以选择哭脸面对人生。
你可以选择板着脸面对人生。
但如果选择美脸面对人生，就得抽眼袋、垫鼻梁、割双眼皮、削颊骨……
人生不是充满哲学，而是充满医学。

心跳恢复了……
血压正常了……
意识清醒了……
医生，这些皮包、衣服、鞋子的钱能不能报医疗费用？

经诊断，有百分之七十是癌症，有百分之三十不是。
而在百分之七十里有百分之二十可能不是，而在百分之三十里的百分之五十可能是……
所以在百分之七十里的有百分之三十中的百分之十是确定的，在百分之三十里的百分之五十中的百分之五是疑似的……
结论：癌症会杀人，数字有时也会杀人。

大家都有梦

经济学」来面对这个被高度商业化模糊掉物质与精神生活界限的现代社会。算算在人生这本账上，哪种生活方式对自己比较有价值，哪种方式比较不值得，才能避免走向一个被模糊化掉的人生。

天呀，你又被我撞见和
别人在床上……
为什么你永远改不掉这种
方式和习惯……
不管认识与否，你只会跟别人约
在床上见面……
神经病，我不到床上看病人
要上哪儿看？！

据说医生压力很大，
医生太太压力也很大。

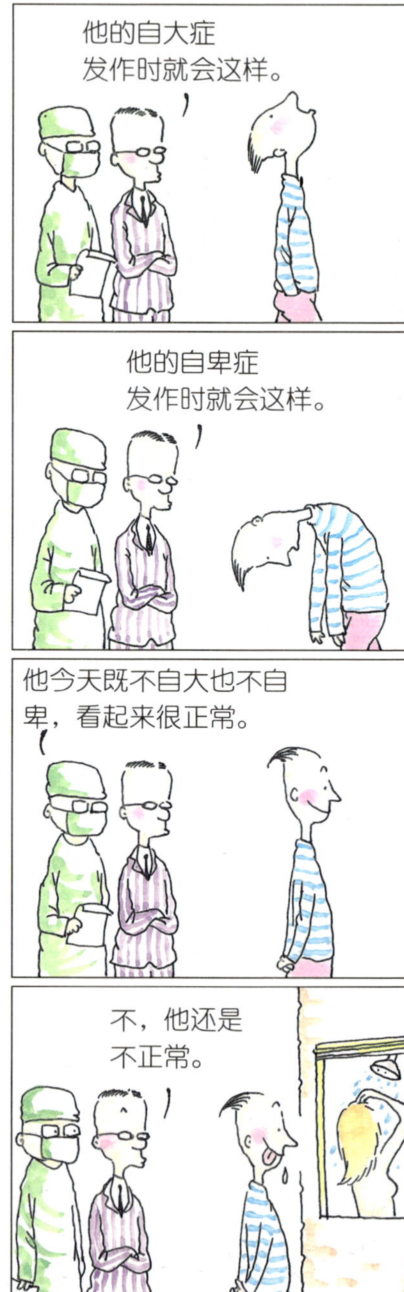
他的自大症
发作时就会这样。
他的自卑症
发作时就会这样。
他今天既不自大也不自
卑，看起来很正常。
不，他还是
不正常。

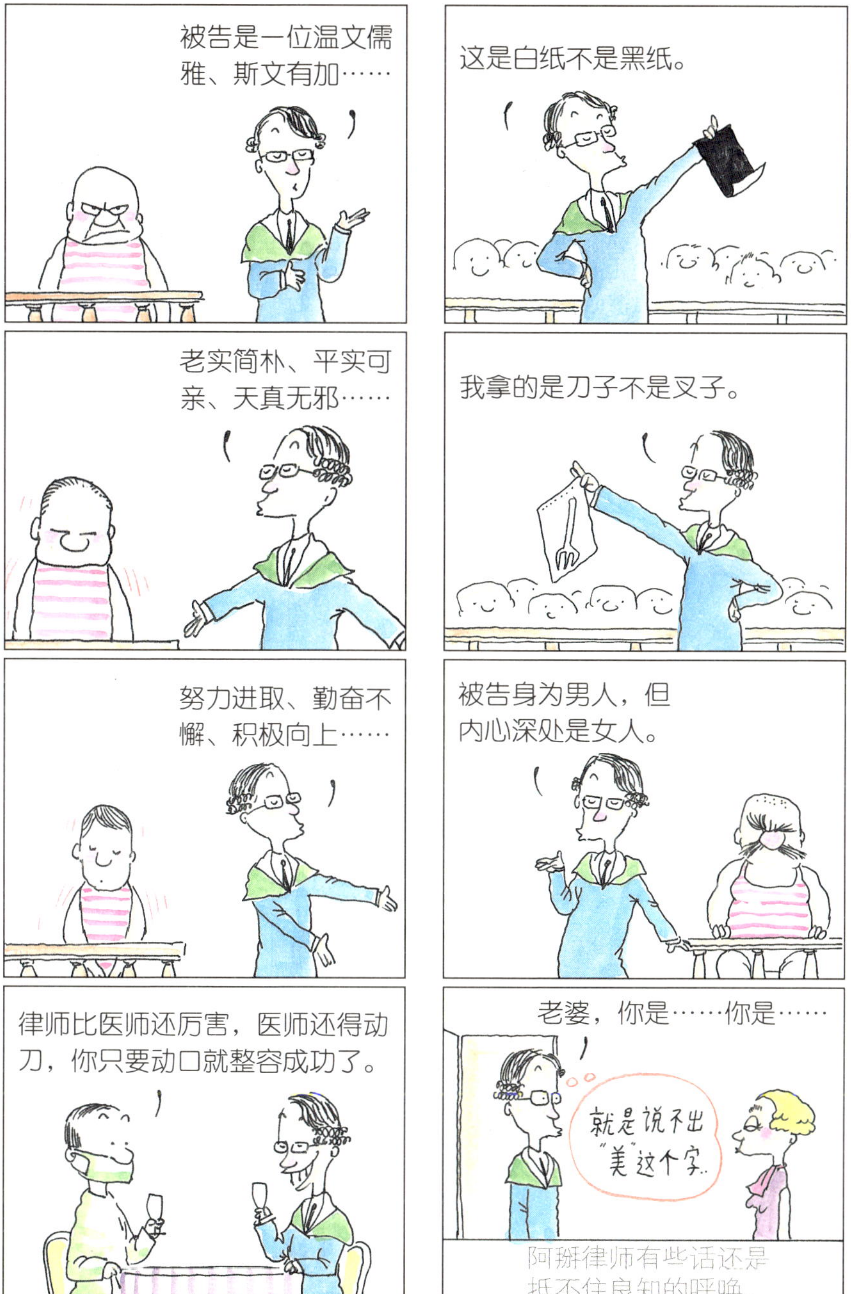

被告是一位温文儒雅、斯文有加……
老实简朴、平实可亲、天真无邪……
努力进取、勤奋不懈、积极向上……
律师比医师还厉害，医师还得动刀，你只要动口就整容成功了。
这是白纸不是黑纸。
我拿的是刀子不是叉子。
被告身为男人，但内心深处是女人。
老婆，你是……你是……
就是说不出"美"这个字.
阿掰律师有些话还是抵不住良知的呼唤。

穿这西装保证帅……
根据X法138条，蓄意欺骗他人得处罚金……
这双鞋是全球限量……
根据O法336条，贩卖不实商品得处罚金……
这领带纯手工制造……
根据△法458条，因不当取财以致他人受损得处……
庭上，请见谅，因为没有人敢再卖衣服给我……
辩护律师

抱歉，按错楼层。
我要告你的公司。
不好意思，送错餐。
我要告你的老板。
对不起，小孩在哭。
我要告你的小孩。
很遗憾，是癌症。
我要告我的癌细胞。

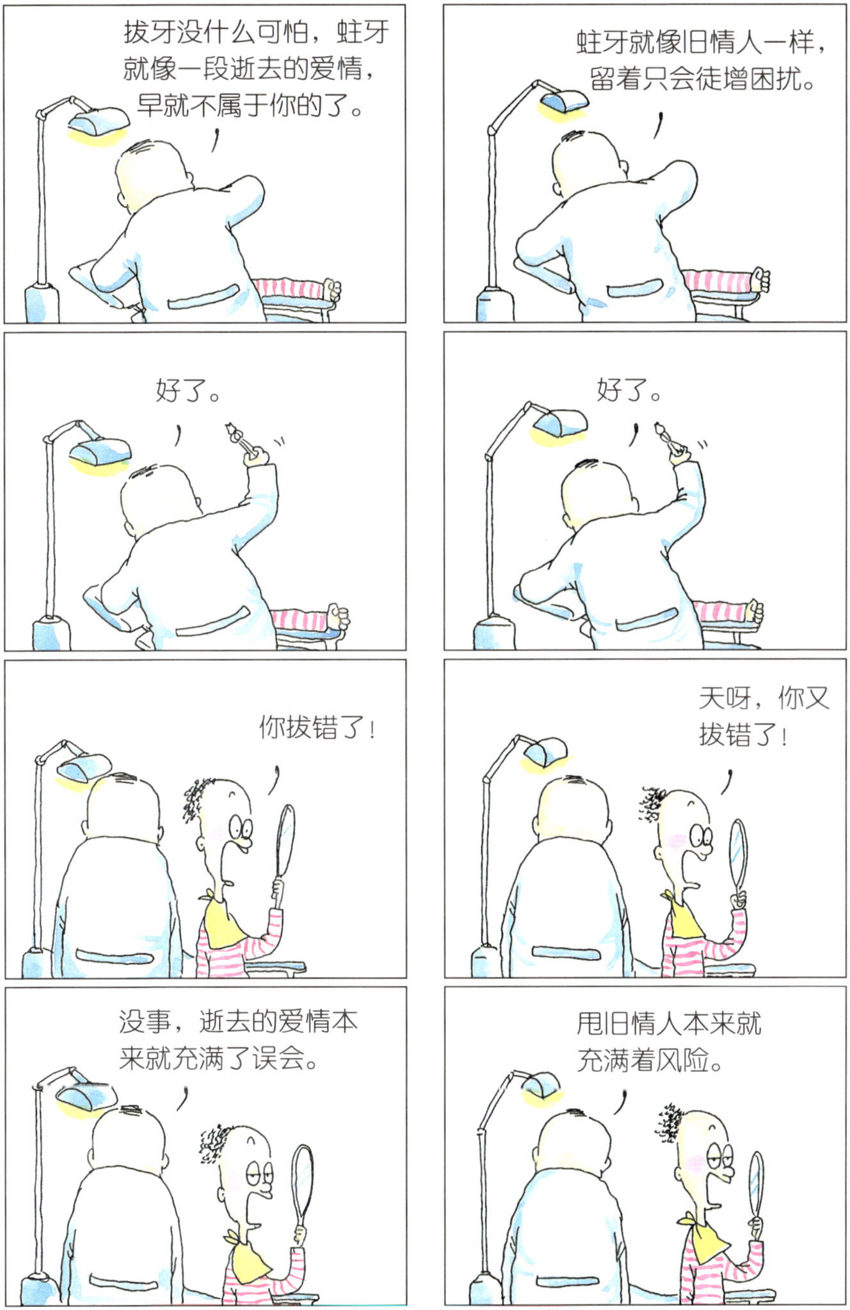
拔牙没什么可怕，蛀牙就像一段逝去的爱情，早就不属于你的了。
好了。
你拔错了！
没事，逝去的爱情本来就充满了误会。
蛀牙就像旧情人一样，留着只会徒增困扰。
好了。
天呀，你又拔错了！
甩旧情人本来就充满着风险。

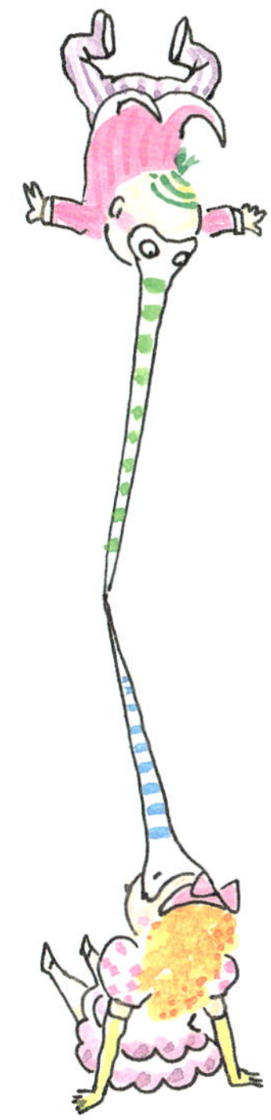

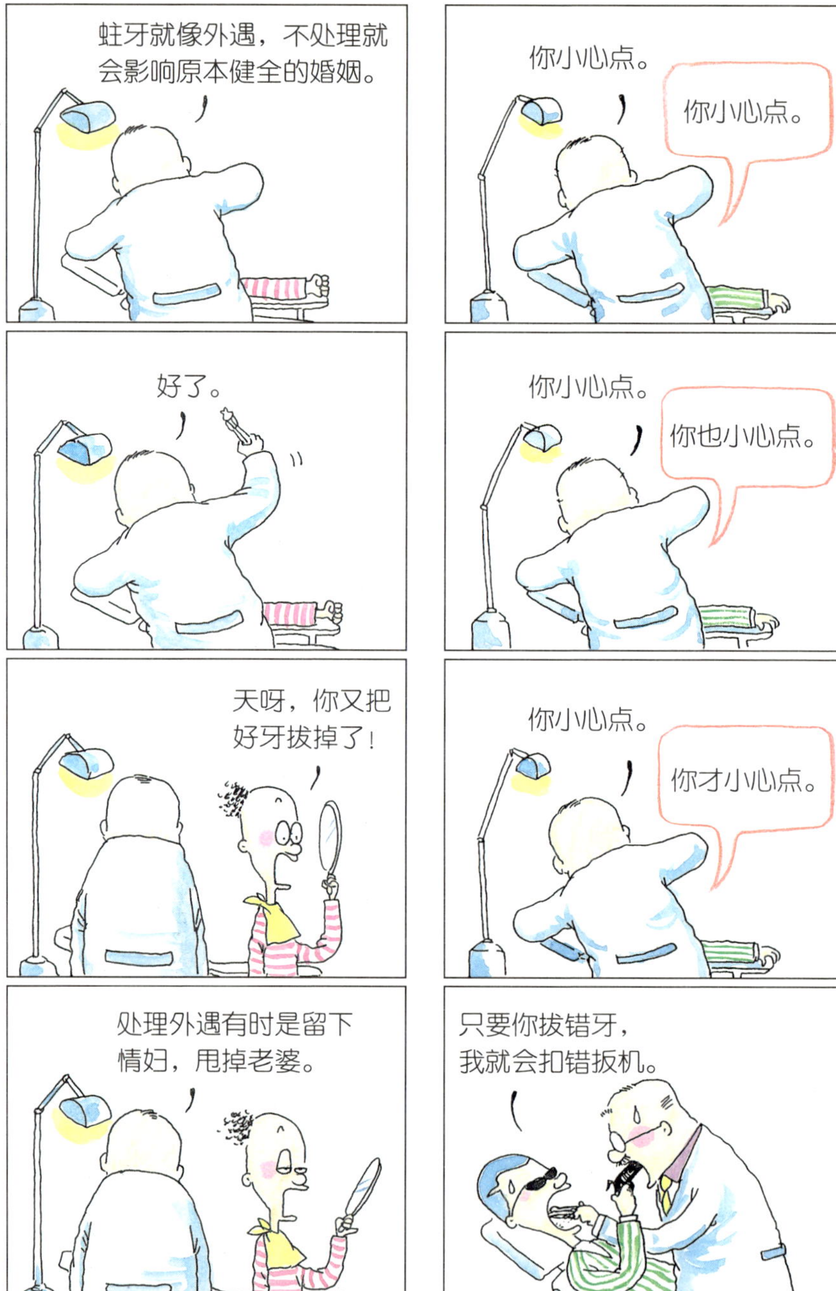

蛀牙就像外遇，不处理就会影响原本健全的婚姻。
好了。
天呀，你又把好牙拔掉了！
处理外遇有时是留下情妇，甩掉老婆。
你小心点。
你小心点。
你小心点。
你也小心点。
你小心点。
你才小心点。
只要你拔错牙，我就会扣错扳机。

来，许一个愿吧。
愿这世界再也没有虚伪。
妈呀，隆的乳塌了！
拉的皮又皱了！
鼻子又扁了！
要我和你上床，除非全世界男人都死光了！
我有这么糟吗？
要我和你上床，除非全世界男人、女人都死光了！！
我有这么糟吗？
要我和你上床，除非全世界男人、女人、动物、植物、细菌都死光了！！！
你最糟，你先跳。

Go west ?
go east ?
or go
rest ?

太阳每天升起每天落下，你应该多做一点什么呢？还是什么都不做？

大家都有话沟通定律：

1. 沟通不是为了进步，而是为了让别人退一步。
2. 沟通的目的在谈话间能搞清楚谁才是老大。
3. 沟通的方式可以有直线、曲线、抛物线，就是不能让对方摸到底线。
4. 沟通的内容是百分之十客套，百分之五真话，百分之八十五数字虚构。
5. 沟通是为了告知对方，凡事都有百分之五十出错的几率，而到时该负责的是他。
6. 良好的沟通是建立在充分的理论根据与缺乏事实根据的理论上。

大家都有气吵架定律：

1. 别跟自卑症的人吵架，你容易成为自大狂。
2. 别跟自大狂的人吵架，你容易成为自闭症患者。
3. 别同时跟有自卑症和自大狂的人吵架，最后你会成为自杀者。

大家都有空工作定律：

1. 问题不在什么时候该做事，而在什么时候不做事。
2. 不做事但要让别人认为你在做，当你真正在做事时，务必确定是在做大家都认为值得做的事。
3. 值得做的事都是会出问题的事。人们不会记得你做的事，只会记住你没做的事。
4. 工作量只会增加在做事者身上。
5. 世界上最不公平的两个字就是「公平」。

世界这样你那样定律

大家都有爱婚姻定律：

1. 跟自己所爱的人结婚不见得会到白头。
2. 跟自己不爱的人结婚迟早会被砍头。
3. 跟自己不知道是爱还是不爱的人结婚你一辈子都会昏头。
4. 其实爱与不爱和恋爱有关，和婚姻无关。

大家都有钱经济定律：

1. 花的钱最少买的东西最多，这就是个人经济学。
2. 市场经济转好时，人心就变坏。
3. 市场经济转坏时，人心就失控。
4. 世界上的钱只分两种：自己的和别人的。
5. 钱之所以让人眼红，是因为别人赚的就是你赔的。
6. 想从市场获取暴利，你需要的不是经济学而是心理学。

大家都有病救命定律：

1. 心理医生就是：他认为你的问题和你的童年生活有关，他的收费和他的晚年生活有关。
2. 当你不想听你老婆发牢骚时，她就会花钱让心理医生听。
3. 解决心理问题最快的方式就是怪罪别人。
4. 心理疾病的两种治疗方式：第一是服药，第二是习惯它。

大家都有梦人生定律：

1. 人生如梦是幻象，只是有人建了富丽堂皇的宫殿，有人只搭了漏雨透风的帐篷，过程还是大不相同。
2. 人生是由一坨狗屎所组成，但形状却做得像蛋糕。你可以努力感觉狗屎的臭味，也可以努力想象蛋糕的香味。
3. 人生就像减肥，你想苗条的地方永远最后才达成。
4. 人生其实很单纯，之所以变得复杂是因为这样大伙儿才有事可忙。

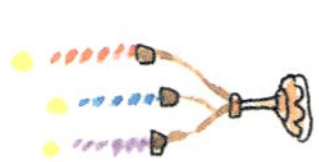

大家都有错怪罪定律：

1. 遇错误先怪你的同事。
2. 接着怪你的竞争对手。
3. 然后怪你的主管（只限已不再管辖你的主管）。
4. 等无人可怪时才能怪你自己。
5. 别执着于找错，应执着于怪罪。
6. 任何人都可以怪罪，但千万别怪罪你的老婆，因为其他人都不会跟你躺同一张床。

大家都有穿时尚定律：

1. 设计师跟男人谈恋爱，女人跟衣服谈恋爱。
2. 穿设计师身上穿的衣服，别穿设计师手上设计的衣服。
3. 想搞清楚设计师的设计理念，你可能得找到他的心理医师。
4. 产量越大的服饰品牌成本越低，产量越少的成本越高。但会花成本穿它们的笨蛋数量则一样多。
5. 今年最新的时尚元素，就是你衣橱里最不需要的那种款式。
6. 「限量」的同义词，就是你想买的时候会「挤破头」。
7. 整个时尚行业的重点就是那张价钱标签。

大家都有心简单定律：

这个世界越来越复杂了，你要面对它最简单的方法是：

把自己的心变得越来越简单。

第4章

大家都有错

我不想活了。

我不想活了。

我不想活了。

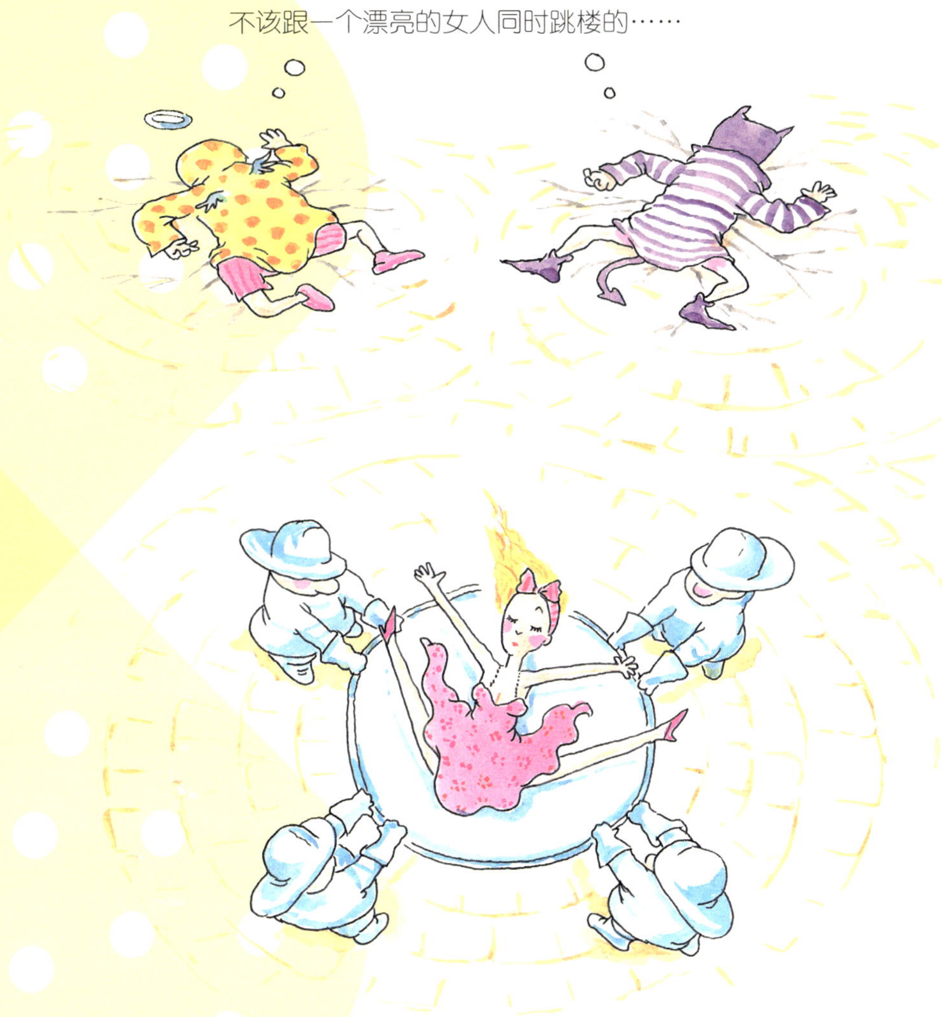
不该跟一个漂亮的女人同时跳楼的……

即使是天使和魔鬼，在我们这个时代也越来越难混了。

WEST
EAST
NORTH

我一天摘10根香蕉，
一年才3650根……
如果我雇十只猴子，一天就有
100根，一年就36500根。
如果雇一千只猴子，一年就有
3650000根，十年就36500000
根，雇二十万只猴子……
明年我就是股票上
市的企业家了……
第一个直立起来的
不是人而是商人。
如果死一个男人，这世
上就少了一个男人。
如果死一个女人，这世
上就少了一个女人。
但如果死一个商人。
这世上就少了一堆被
骗的男人与女人。
SALES
SALE
SALE

这是一个充满压力的社会，
有人靠酒精麻痹自己。
我的青春，我的收入。
有人靠Shopping麻痹自己，
有人靠工作麻痹自己。
我的学历，我的收入。
有人靠宗教麻痹自己，
有人靠恋爱麻痹自己。
我的努力，我的收入。
有人靠老婆麻痹自己。
死鬼，现在才回家！
我的一生中唯一成正比的就
是我的食量，我的体重。
WEST
EAST
NORTH

一个月的薪水没了……
三个月的薪水没了……
十个月的薪水没了……
一辈子的薪水没了……
这年头穷鬼比鬼可怕……

我有幽闭症！
我有惧高症！
我有恐慌症！
我有狂买症！
精神科
男人唯一在乎老婆得的病。

经济垮了。
公司倒了。
工作没了。
但老婆没跑。
为什么这世界总是发生不该发生的事儿。

好运气的男人。
坏运气的男人。
运气不好不坏的男人。
运气还不知是好是坏的男人。
刚去整容的女人……
从上车就偷瞄她，你是看不起我吗！
我没有偷瞄她。
从上车就不偷瞄我，你是看不起我吗！

先生你去看一下精神科吧。
抱歉，客满了。
抱歉，客满了。
抱歉，客满了。
抱歉，客满了。

你还好吧？
很好呀。
你没事吧？
没事。
你是不是工作过度？
哪有。
要不要看医生？
我正赶着上班。
等公车时，有人看书有人打电玩……
有人看报，有人看表……
有人讲手机，有人吃早点……
有人同时看书、看报、打电玩、看表、讲手机连带吃早点……
把这个焦虑症带走。

昨晚牵手的是不是百亿小开？
前天吃饭的是企业大亨吗？
垃圾问题
其实还有一个千亿小开，至于那个大亨，我不承认亦不否认。
垃圾答案
垃圾传播
结论：原来大家都是垃圾筒。

颁发最佳电视编剧。
颁发最佳电视导演。
颁发最佳电视演员。
颁发最佳忍受电视观众。

我老觉得什么事都是我的错，公司业绩不好，社会贫富问题……
世界经济萧条，国际各种冲突，非洲饥饿问题……
医疗品质、传染病防治、臭氧层破洞、动物保育问题……
不是我的错，不是我撞的！
我忙得没有爱情生活，没有社交生活也没有休闲生活。
公司倒闭了，你失业了。
算了，想开点，至少我可以有生活了。
失业？谁要和你谈恋爱做朋友。
喂，休闲要钱吔！
在这个有病的社会，无论忙或不忙都不会有生活。

如果我把灵魂卖给你，能让我功成名就吗？
如果我把灵魂卖给你，能让我有三妻四妾吗？
你又不是奥巴马也不是比尔·盖茨。
于是一般人只能把灵魂卖给每个月付他薪水的老板。

能不能把我的轻度焦虑症改成重度加淋巴长瘤？
还有把我的失眠改成脑干麻痹神经急冻症？
你是我见过最喜欢夸大所有症状的病患。
我是新闻主播。

大家都有错

- 这是一个人人都要你说是的时代，要说不是得有勇气的。
- 其实是我们在创造这个世界，并不是这个世界在创造我们。
- 世界上最常被牺牲的不是弱者而是原则。

经过测试，你是一个冷酷、好斗、势利、现实、没水准……
缺乏道德、重利轻友、短视、没社会责任感……
嗜血、无情、摇摆不定、唯恐天下不乱的烂货。
哈，我具备成为成功记者的条件！
疼不疼？
好不好吃？
开不开心？
白不白痴？
唯一一次问到观众真正想知道的问题。

张先生有三个太太……
李小姐上个月自杀五次……
郭董欠一屁股债……
巷口乞丐中了彩券……
我是电视制作人，你应该来播报新闻。
喂，你一定要这样才会报新闻吗?!
BCTV
我每个月要恋爱一次。
因为你有上瘾症。
我每个月要狂买一次。
因为你有狂买症。
我每个月要自杀一次。
因为你有忧郁症。
你干吗这样激动，又不关你事。
因为我有恐慌症。

大家都有错

- 世上没有真正的真理这件事，因为真理会随着不同人的叙述而变质。
- 所有有用的经验都来自于错误。
- 错误是一种无性生殖，一旦你开始犯错，就会接二连三产生许多新的错误。

大家都有错

- 在人生的道路上，态度决定高度，高度则决定你摔下来的轻重。
- 人生就是一连串的教训，问题是你给人的教训还是别人给你的教训。
- 你要信任每个人，但先准备好律师。

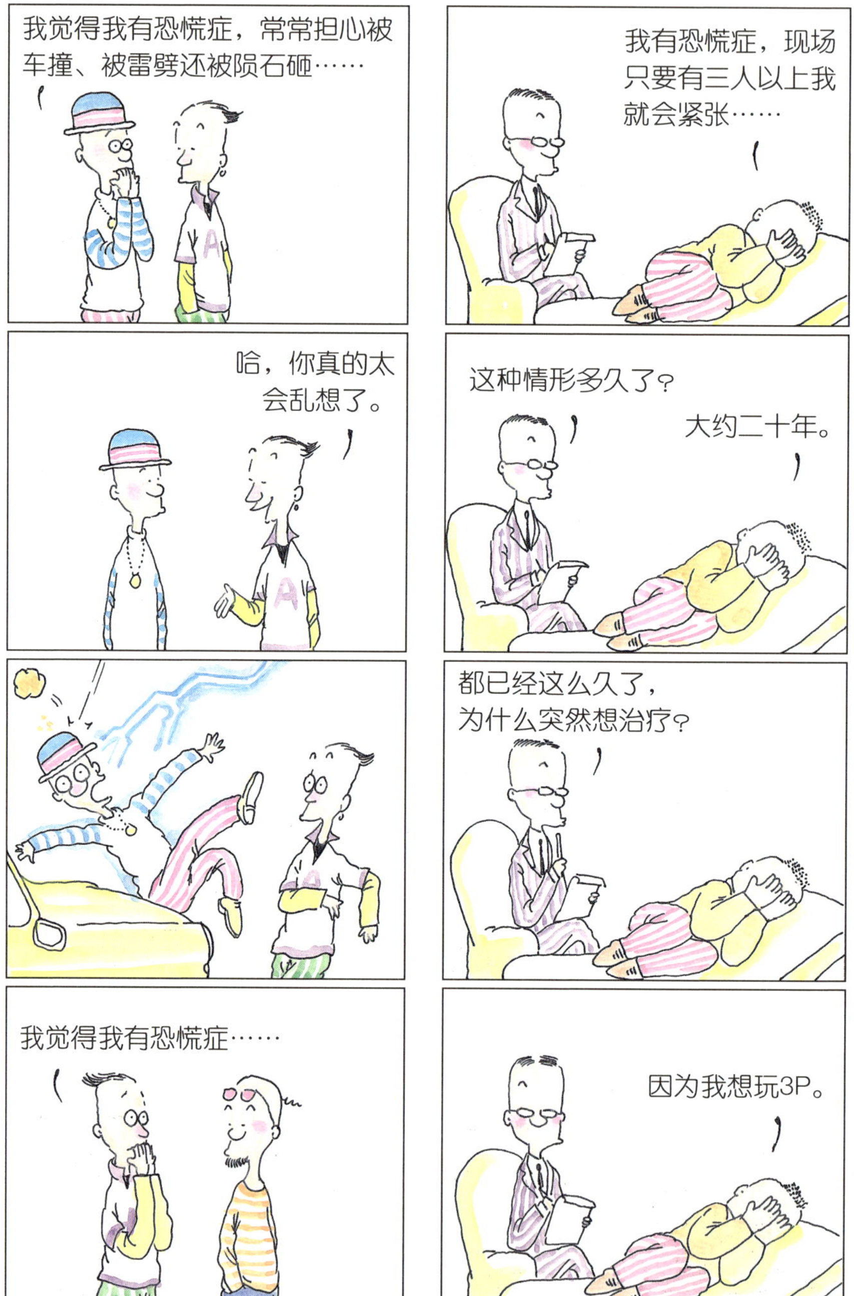

我觉得我有恐慌症，常常担心被车撞、被雷劈还被陨石砸……
哈，你真的太会乱想了。
我觉得我有恐慌症……
我有恐慌症，现场只要有三人以上我就会紧张……
这种情形多久了？
大约二十年。
都已经这么久了，为什么突然想治疗？
因为我想玩3P。

我有恐慌症，
整天都在紧张……
别担心，恐慌时就从
1数到10，就行了。
你还在恐慌什么？
从1数到10是该用中文
还是英文还是日文……
这是我第一次约会，我好
紧张，快从1数到10。
1、2、3、4、5、6、7、8、9、10，
呼，好多了，不紧张了。
你怎么了？
你从1数到10，我
就变得好紧张……
结论：拳击手和恐慌症
患者永远不能在一起。

大家都有错

● 大家都知道这个世界是圆的，但有些成功者则认为世界是他的。

● 一个人越成功，他必须要隐藏的秘密越多。

● 机会总是从你的身边溜走，然后停留在一个已经不需要机会的人的身边。

大家都有错

人和猴子的差别在于人类会羞愧三秒钟。

人是不完美的，所以我们必须藉由让别人不完美来弥补自己的不完美。

当一个人完美时会受到攻击，当一个人不完美时则会受到指责。

我很容易紧张，所以都没有公司愿意雇我……
创业顾问
你有什么专长？
创业顾问
什么专长也没有，唯一会的就是一紧张就忍不住咬指甲……
创业顾问
快速剪指甲
据说恐慌女决定明年开分店。

一年前我想用棍子抡死老公，半年前我还是想用棍子抡死他。
三个月前我依然想用棍子抡死他，直到现在我还想这么做。
我到底有什么毛病？
你的问题就是只想到用棍子，实在太死板了。

经过数月的生理
及心理治疗。
你的惧高症已经完
全康复，可以过正
常生活了。
谢谢，真是太感谢了。
我终于可以跳楼了。
在我身体里住着Amy
和Mary两个人。
双重人格会严重影响社交及
判断能力，一定要治好。
Miss陈吗？我是Doctor，
麻烦拿药进来。
你是Doctor身体里的John
在说话还是Tom在说话？

大家都有错

- 地球越来越暖化，人心却越来越冷漠。
- 人心都是肉做的，只不过有些人的肉不太新鲜。
- 人跟人之所以能够相处，常常不是因为交情，而是因为交换。

大家都有错

- 人生不是偶然就是必然：例如某个人偶然当上了老板，其他人就必然成为了员工。
- 一个人独处，可以成为哲学家；两个人相处，可以一起去旅行；三个人相处，就会想开间公司。

我有双重人格，你想跟Amy说话还是Mary说话？
我想跟Meggy说话。
但在我的双重人格里没有这个人。
我知道，在你旁边的就是Meggy。

虽然我是Jack，但在我身体里还有一个人叫阿歪。
别害怕，把阿歪叫出来，我有话想对他说。
我就是阿歪，有事吗？
刚才Jack送我一只钻戒，你是不是也该表示一下？！

不准买
太贵
便宜
好美
太丑
要买
想想
快买
再看看
难看
想上厕所
喜欢
杀杀价
先买皮包
买吧
买衣服
我饿了
先睡午觉
别困扰，我还有病人身体里住了二十个不同的人格。

我有双重人格……
我有三重人格……
我有五重人格……
我没有任何人格，我是国会议员。

大家都有错

- 大部分的科技产品会让你越来越像笨蛋，不过是那种看起来很聪明的笨蛋。
- 世界上的人类其实分成人和工具两种，大部分人选择成为工具。
- 上班是白痴下班是无赖，这就是我们现代人。

我要在公司放
毒气，把所有
同事都毒死！
我要把整栋公寓
的邻居都烧死！
我要把老婆、
岳母、岳父全
都砍死！
精神科
唉，每天都是一些
乏味无趣的事。

我有规律强迫症，每天只走三百二十步，只吃两顿饭，只喝八杯水。
电视只开两次机，衣服只换一次，大号上一次，小号六次，如果乱了我就会发狂。
天呀，那你会不会很紧张？
他每天只讲五十七句话，现已说完，他不会理你了。

我怀疑我有肺癌、大肠癌、肝癌、胃癌、胰脏癌……
我怀疑我有乳癌、口腔癌、淋巴癌、骨癌……
天呀，我们到底该先治疗哪一个？
先治疗焦虑症吧。
我有忧郁症、强迫症、自闭症、狂躁症、上瘾症……
别担心，我会治疗你的。
太感谢了，你是我的神。
你是我的神经病。

以前我有恐慌症、焦虑症、强迫症、上瘾症……
狂躁症、忧虑症、间歇性狂怒症、注意力缺失症……
那你怎么痊愈的？
我结婚后把这些过错全推给老公，我就好了。

我一周做一次心理治疗。
我一周做两次心理治疗。
你呢？
自从我老公一周做五次心理治疗后，我就一次也不用做了。

我老婆婚前婚后判若二人……
人生就是被女人耍一耍。
生个孩子既不孝也不上进……
人生就是被孩子气一气。
二十年老友卷钱跑掉了……
人生就是被朋友拐一拐。
听完你这么说，我心里好过多了。
人生就是被心理医生骗一骗。
愿不愿意把你的灵魂卖给我？
我已经没有灵魂了。
那你有什么？
蠢驴，你拿一堆衣服、首饰、鞋子、皮包、化妆品回来做什么？！

咚
啪
哦
现在男人的灵魂都已经被老婆先拿走了……
甩了他，他是一只男性沙文主义的猪。
甩了他，他是一头软弱无能的蠢驴。
甩了他，他是一个空心大佬倌。
你让我把男朋友甩了，现在我只能嫁给你。
鬼夜路走多了也会遇到鬼。

精品
我的灵魂已经卖给时尚了。
整容
我的灵魂已经卖给美丽了。
新手机发售
我的灵魂已经卖给科技了。
手机
美容
精品店
时尚
百货公司
可怜的旧魔鬼被新魔鬼取代了。
张三，你时候到了。
我是李四。
阿丽，你时候到了。
我是琪琪。
SALE
Peter，你时候到了。
我是Johnny。
你一定要治好他的记忆混乱症，大家都快吓死了。

We are
between
heaven
& hell.

其实我们是活在天堂和地狱之间，快乐和不快乐之间。

第5章

大家都有钱

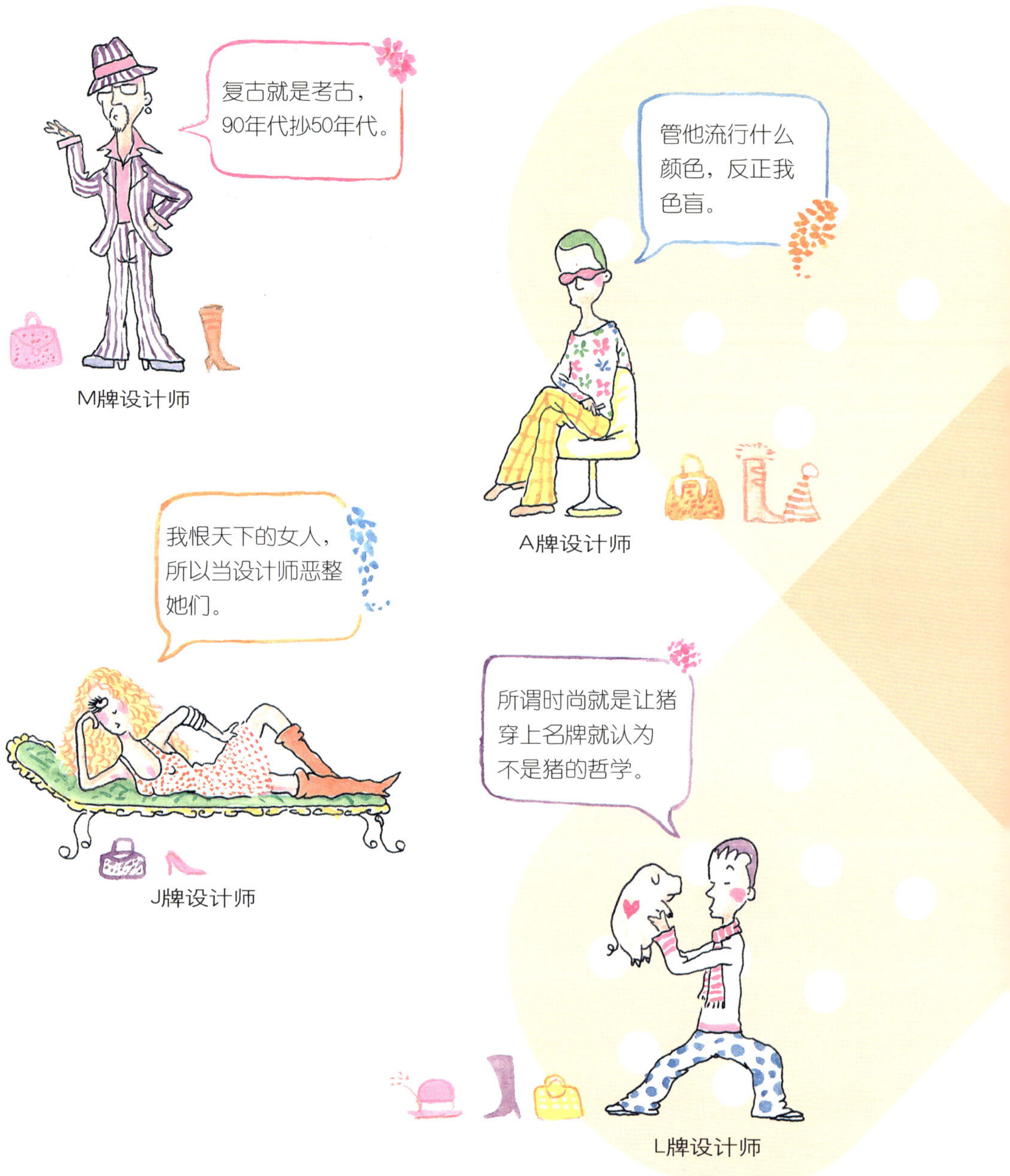
复古就是考古，90年代抄50年代。
M牌设计师
管他流行什么颜色，反正我色盲。
A牌设计师
我恨天下的女人，所以当设计师恶整她们。
J牌设计师
所谓时尚就是让猪穿上名牌就认为不是猪的哲学。
L牌设计师

只要把消费者的
智力÷2再减半就
能成功。
D牌设计师
其实我比较懂
男人，但他们
不爱买衣服。
C牌设计师
时尚世界就是把
男人变女人，
女人变蠢猪，
蠢猪变爱买的猪。

以上为各名牌幕后设计师在不自觉情形之下被催眠后所说的话。

2011年最时尚的包是“打包”

这个时尚的时代是不是时尚得太时尚了。

世上第一件真正的名牌服装，由一万八千多片名牌标签所缝成，此件衣服单价尚未公布，据闻正由会计师计算中。

WEST
EAST
NORTH
以前的贵妇。
Shopping MALL
现在的贵妇。
以前贵妇身旁的男人。
现在贵妇身旁的男人。
一个哭泣的女人。
背后一定有一个爱玩的男人。
一个哭泣的男人。
面前一定有一个爱买的女人。

沙场上厮杀的人。
世上最恶毒的眼光之一就是两个美女的对视。
情场上厮杀的人。
世上最恶毒的眼光之二就是两个帅男的对视。
商场上厮杀的人。
世上最恶毒的眼光之三就是两个老夫老妻的对视。
卖场上厮杀的人。
30%
SALE
世上最恶毒的眼光之四就是两个女人不小心穿同款式衣服时的对视。
WEST
EAST
NORTH

这部车带给你幸福的人生……
假的。
UFO
衣服不只是衣服，它是进入时尚的门票……
假的。
尼斯湖水怪
法式下午茶带领你沉静在巴黎香榭大道……
假的。
雪人
家是人灵魂深处休憩的角落……
本世纪最容易贩卖的是廉价的情绪。
嗨。
假的
假的
假的
结论：男人总是会把真的当成假的，把假的当成真的。

这衣服可以让我吃一年……
这皮包可以让我吃三年……
这首饰可以让我吃十年……
这男人可以让我吃一辈子……

结论：其实男人和女人的思维相同，只是对象不同。

我有两千万现金。
我的乳房是真的。
我有三栋房子。
我的脸是原版的。
我还有一些股票。
我没有不良恋爱的纪录。

结论：合并案不只发生在大企业之间，事实上，到处都在发生。

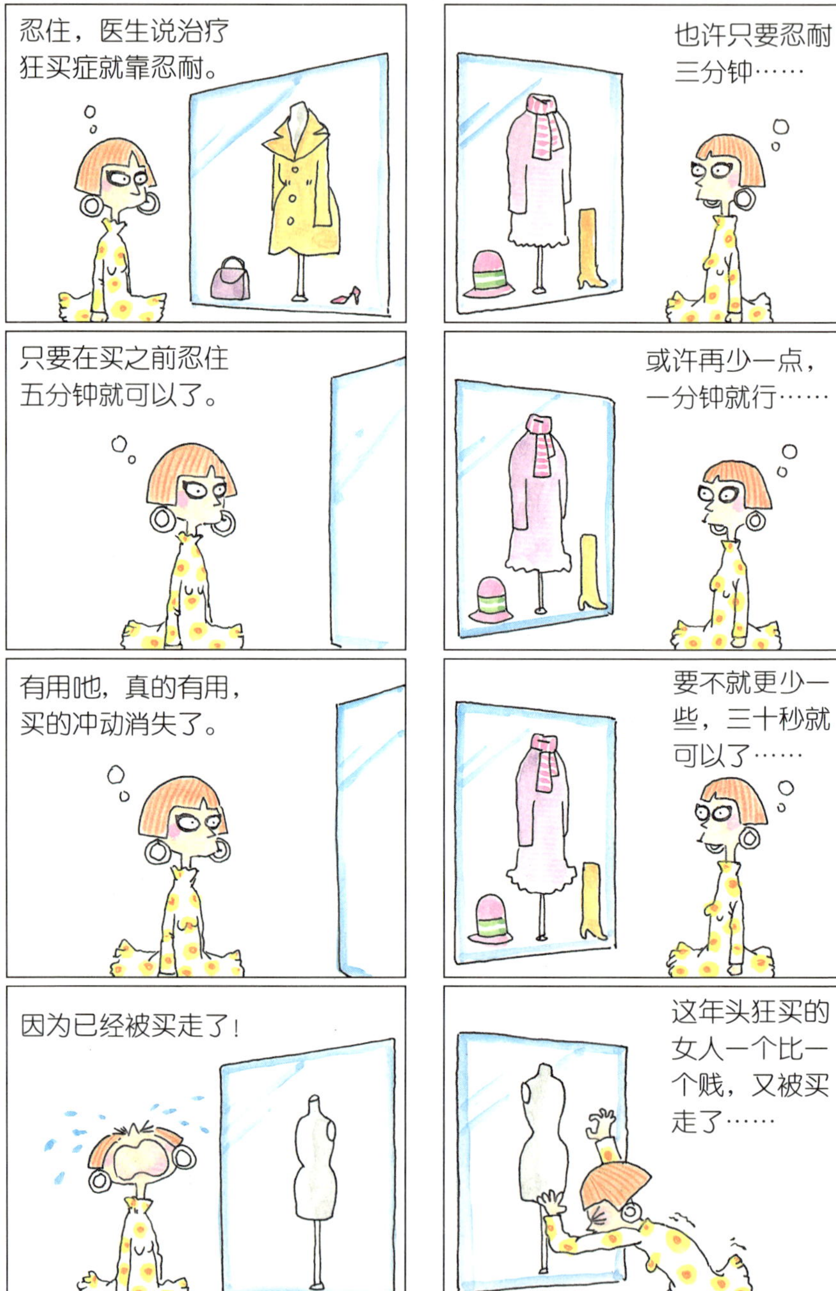
忍住，医生说治疗
狂买症就靠忍耐。
只要在买之前忍住
五分钟就可以了。
有用吔，真的有用，
买的冲动消失了。
因为已经被买走了！
也许只要忍耐
三分钟……
或许再少一点，
一分钟就行……
要不就更少一
些，三十秒就
可以了……
这年头狂买的
女人一个比一
个贱，又被买
走了……

狂买症治疗方法之一：拴住自己。
还是朋友？
当然，这只是公事。
治疗方法之二：不见为净。
不伤感情？
放心，一两天就没事了。
治疗方法之三：深夜再逛街。
不记仇？
这是女人的天性，不是你的个性。
治疗方法之四：
这季全买了，三个月不会犯病了。
这是我的！
我的！！
5折

我一天不shopping就会全身起红疹丧失意识。
我一天不shopping就会浑身颤抖七孔流血。
我一天不shopping就会有一半的精品店倒闭。
你得了不只是狂买症，还有狂想症。
说说你的近况吧。
百货公司全面五折，精品店回馈买五万送五千……
珠宝店大拍卖，要快抢购以免向隅，Shopping Mall提前过耶诞八折大放送……
诊断：此女异常危险，应避免让她和其他女人接触。

那只包八折我要了。
那双鞋六折我买。
那件衣服三折就买。
那顶帽子五折我买。
那裙子四折可以买。
那外套七折差不多。
过分，我是跳楼，又不是跳楼大拍卖！
好巧，你也是来自杀？
是的。
好面善，我们是不是见过？
好像在GG百货公司。
那家现在好像在打五折。
听说打到今天为止。
先去逛逛，明天再跳吧。

这衣服原价35000，现在25000，裤子原价28000现在14500。
裙子原价37000，现在21000，鞋子原价6500，现在3100。
你们现在全面打折不就证明以前我买的时候像笨蛋？！
没错，你以前买证明你以前是笨蛋，但你现在不买就证明你现在是笨蛋。

轻度狂买症的女人。
中度狂买症的女人。
重度狂买症的女人。
无可救药且不可思议的狂买症女人。

如果有一天我死了，
P牌鞋子就留给卷心。
J牌外套留给小玉，
D牌皮包留给阿雅。
A牌大衣留给小静，
C牌手表留给萍儿。
唉，一群只要名
牌的损友……
怪不得现在没人要
看魔术表演了……

大家都有钱

● 对现代商人来说，品味是一种可以卖的庞大商机，对我们则是一种可以买的庞大虚荣感。

● 现代的男人和女人们藉由时尚让自己成为别人心目中的形象，而非自己心目中的模样。

● 人性是单纯的：单纯的欲望、单纯的贪婪。

我被非礼了。
他的上衣是J名牌，外套是D名牌，裤子是A名牌，鞋子是T名牌，皮带是C名牌……
那他的长相如何？
我没注意吔。
结论：名牌不仅会侵入你的荷包，有时还会侵入你的脑细胞。

我希望能参加时尚Party，因为她们看起来都好有钱。
而且好像都不用吃饭也不必拉屎，一副不食人间烟火模样。
身为女人，如果能这样一次，死而无憾。
老婆，你不能骗我，我会想办法弄你进去，之后一定要去死喔。
FASHION PARTY Tonight

大家都有钱

- 以前的流行是当你买下它时就已经过时了，现在的流行则是当你听到它时就已经过时了。
- 每年时尚界都会强调今年流行什么色彩，但对设计师而言，永远只流行绿色（钞票色）。
- 时尚是一个笑话，被取笑的是花钱的顾客。

大家都有钱

● 虚荣并不是人类进步的原动力而是消费的原动力。

● 人生就像你到超市买调味料，你想买盐却买到糖，想买糖却买到胡椒，想买胡椒却买到芝麻，好不容易找到你要买的，却发现已经过期。

当我上班时，名牌西装一定要配名牌手表。
当我参加Party时，名牌外衣一定要配名牌链子。
当我休闲活动时，名牌运动衫一定要配名牌包。
当我被劫时，名牌衣裤里一定要配名牌内衣裤。
看我刚买的鞋。
看我刚买的手镯。
看我刚买的钻戒。
看我刚涂的脚指甲。
富而有礼的名媛时尚圈……

女人一定要拥有这个皮包，否则愧为女人。
女人一定要拥有这款衣服，否则无脸上街。
女人一定要拥有这只戒指，否则此生虚度。
女人一定要拥有这双鞋子，否则天打雷劈。
结论：没有时尚达人，只有时尚坑人。
这个屁是香的。
时尚大师
嗯，好香。
真的好香。
时尚专家
真香。
太香了。
时尚达人
好香。
哇，香死人了。
时尚百姓
香屁理论适用于时尚界也适用于各行业。

大家都有钱

- 这是一个感觉互相模仿、情绪互相剽窃的时代。
- 人类是一种每天都想法子让自己很愉快、让别人很不愉快的动物。
- 轻视是世间最常见的眼疾之一。

大家都有钱

- 每个人都有价码，只是大部分人都被高估了。
- 人性的缺点有谄媚、卑鄙、愚蠢、虚荣，优点是他们会遗忘这些缺点。
- 人只分成两种：认识时令人愉快的和分手时令人愉快的。

我要做时尚教母！
我要做时尚教父！
我要做时尚天后！
我要做时尚天王！
我要做时尚教主！
我要做时尚始祖！
精品
其实大家都只够资格做时尚孝子、孝女。
Miss Ja，你去年消费五万，所以只能坐第15排。
fashion show
Miss Sha，你消费十五万，可以坐第10排。
Miss Yu，你消费五十万，可以坐第8排。
很显然Miss Fu是所有人中花最多钱的。

死八婆也来看……
臭骚包懂个屁……
我要是有钱就能穿成这样了。
装模作样贱人……
炒股爆发户没品味……
我要是有身材就能穿成这样了。
假豪门凑热闹……
小明星装天后……
我要是有脸蛋就能穿成这样了。
肥婆学时髦……
全身美容狐狸精……
我要是有品味就能穿成这样了。
Fashion Show有时秀的是人性。
为什么没人想过如果有脑子就不会穿成这样了。

大家都有钱

- 人生就是一种你必须不停选择「半真理」或是「全谎言」的过程。
- 真话对说的人而言不是负担，对听的人才是。
- 当谎言说的比真话多时，你会成功。当真话说的比谎言多时，你会成仁。

大家都有钱

● 所谓人生的困境就是：当你的体型是L SIZE时，生命只给了你一件S SIZE的衣服。

● 人的愤怒源自于无法改变这个世界。

● 生命就是一张张你必须要签名，但却不一定有办法提现的支票。

这群附庸风雅盲目追求时尚的白痴，已经结束了还不知道。
梦幻是：当你看模特儿穿时……
现实是：当你看自己穿时……
梦幻是：当你看名媛身旁的男人时……
我要杀了那些编时尚版的……
现实是：当你看自己身边的男人时……

雪纺搭上真丝再穿上皮草让人时髦又复古……
我的理念是颠覆时尚建立新概念……
其实我只想出名
设计师
围条围巾更妩媚，别忘了搭配靴子更引人注目……
我想让一般人提升品味……
其实我只想赚钱
代理商
擦天然提炼的香水，有置身森林的舒畅，令心灵更fashion……
好美，我们家牌子真的好适合你……
其实我只想奖金
店员
时尚不是设计师与顾客的对话而是骗子与傻子的对话。
怎么看起来还是像猪？
其实我是猪
顾客
时尚链中只有顾客最诚实。

大家都有钱

● 其实每个人的人生就是：要不我们杀死时间，要不就时间杀死我们。

● 现代人所谓的幸福大部分是从谎言的市场中购买来的。

● 乞丐的幸福就是不必担心破产。

大家都有钱

- 自大和自卑都会让人盲目，但从自卑到自大中间的时间却往往非常短。
- 很多人的朋友和敌人数目一样多，因为这两者的角色会经常互换。
- 金钱能带给你成功，生活却能赋予你价值。

没有这款经典皮包，我会死！
我的项链是经典款。
没有这双经典鞋子，我会死！
我的手表是经典款。
没有这款经典首饰，我会死！
我的皮包是经典款。
精品
有了这个经典女人，我会死！
我的饭碗是经典款。
结论：当一切都是时尚时，时尚就变得很恶心。

到处都撞衫，我不要活了！

我买了一个限量皮包，后来才知道根本没什么特殊之处……
我又买了宣称让女人更圆满的钻戒，其实只是宣传广告……
我还买了时尚专家说只要是女人都该拥有的衣服，结果也被骗了……
你可不可以先把这些经验告诉我太太，然后再跳楼？

大家都有钱

- 如果你的物质生活还不够丰富，你要先丰富你的精神生活，因为等到你的物质生活丰富以后，你只能用更多物质去丰富你的精神生活了。
- 按天不从人愿定律来看，物质如果和精神生活一样丰富时，就会遭天遣。

大家都有钱

● 现代人从来没有机会真正抒发过情绪，因为每当要抒发时就会被消费行为所取代。

● 幸福分成两种，一种靠自己努力得来，一种靠别人给予，后者比较不累人。

● 有时幸福只是相对情况的比较，而你比较好。

哈，现在不流行穿这种衣服了。
哈，现在不流行拿这种皮包了。
哈，现在不流行戴这种首饰了。
哈，现在不流行用这种自杀方法了。
我喜欢的皮包被人买走了，我不想活了……
新款
New style
流行的可怕在于还没落地，你喜欢的包就已经过时了。

我有五百双鞋。
唉，我只有三百双。
我有两百个皮包。
唉，我只有一百个。
我有八百套衣服。
可恶，我杀了你！
我被插七把刀。
唉，我只有两把……
我有一百五十个皮包！
我有两百个！
我有三百双鞋子！
我有四百双！
我有两千套衣服！
我有三千套！
我有一个有钱老公！
我有一个有钱而且死去的老公！
结论：拥有活老公的女人输了……

大家都有钱

● 幸福是一种相互误解的状态，每个人都误认对方比较幸福。

● 幸福就像气球一样，如果每隔一段时间你不持续补吹，它就会慢慢泄气。

● 你要幸运还是要作弊，这是一个问题。

我有一百
件首饰。
我有一百
五十件。
我有三十件
貂皮大衣。
我有四十件。
我有五部车。
我有六部车。
我有三个
情人。
我有一个情人
就是你老公。
结论：有三个情人的女人输了。
我三天做
一次SPA。
我每天做SPA。
算了，我们
别再比了。
算了，
别比了。
是我先说的。
是我先提的。
结论：男人天生好斗，
女人天生好比。

老公，我决定向那些时尚名媛看齐。
打扮得漂漂亮亮，每天都身着名牌，出席名流Party。
我终于找到活下去的理由了。
唉，我终于找到活不下去的理由了。
天呀，为什么我永远不够时尚？！
人活着不够时尚还有什么意思。
去年春季的旧款式。
结论：人活着不够时尚，死了也不见得时尚。

人在饥饿时还顾得了时尚吗？
人在病痛时还顾得了时尚吗？
人在大号时还顾得了时尚吗？
PARTY
原来人只有在人模人样
时才顾得了时尚。
穿这双鞋跟穿那双
鞋有什么不同？
拎这个皮包跟拎那个
皮包有什么不同？
穿这件衣服跟穿那件
衣服有什么不同？
难道女人不知道对男人而言只有
这个女人跟那个女人的不同。

为什么报纸介绍的这
双鞋子我没试过?!
为什么报纸介绍的这
套衣服我没穿过?!
为什么报纸介绍的这
个皮包我没拿过?!
有什么奇怪，报纸介绍的
这些名模我也没睡过。
女人不化妆不美容
就能节约能源。
女人不追求时尚不跟随
流行就能节约能源。
当女人都变成丑女时就
不会想再上街。
当街上没有美女时，男人就
不想出来，就真正
能节约能源了。
HOTEL
酒吧
PUB
打烊
西餐
停业
closed
餐厅
咖啡
Coffee
歇业
CLOSED
停业
休息

有人说时尚可以反映时代。
有人说时尚可以反映潮流。
有人说时尚可以反映人心。
不知时尚何时才能反映荷包。
一定要精挑细选参加
时尚Party。
时尚Party就是要
穿得与众不同。
仔细挑，才能当选今晚
时尚Party天后。

这件会让我像贵妇。
这件会让我像公主。
这件会让我像明星。
妈呀，上个月账单……
结论：时尚会让你像各种人，包括穷人。
世界分两种人，一种是男人，一种是女人。
世界分两种人，一种是有钱的男人，一种是没钱的男人。
世界分两种人，一种是美丽的女人，一种是不美丽的女人。
世界只分两种人，一种是白痴，一种是被白痴搞疯的人。

Every body
has fashion
disease.

你知道吗？你自己的节奏才是一种真正的时尚—— 慢时尚。

第6章

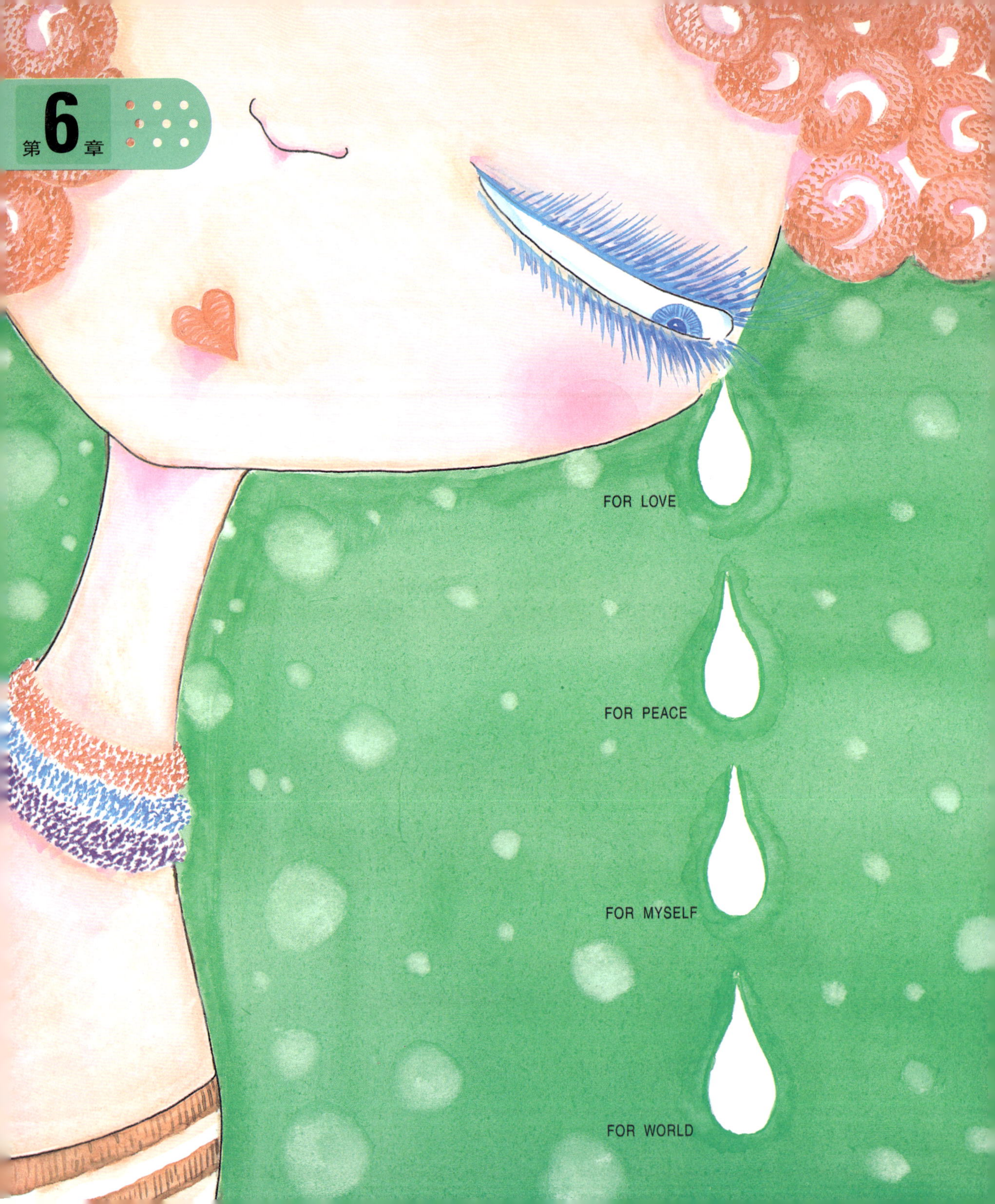

大家都有病

我需要被解救!

我需要被解救!

他们需要的既不是超人，也不是蜘蛛人，
而是另一个男人、另一个女人和另一个新的心理医生。

WEST
EAST
SOUTH

M型社会就是富人非常有钱，穷人非常穷。
不许动，把钱交出来。
千万别杀我，我全部家产都给你。
M型社会就是富人非常有钱，穷人非常穷。

人活到一定的年龄时，就会明白这世上恶人不见得有恶报。
好人也不见得有好报。
叮当
只有账单会准时报到。

呸，亿万富翁算什么，
我是十亿富翁。
呸，十亿富翁算什么，
我是百亿富翁。
呸，百亿富翁算什么，
我是千亿富翁。
呸，千亿富翁算什么，
我是你老婆。
这世界是由空气、阳光、
水和相互歧视组成的。

为什么表达敬意是用
拍手而不是拍脸？
啪
啪
为什么初次见面是
握手而非抓头发？
为什么交际应酬一定是
吃饭而不是上大号？
为什么人们追求幸福的
方式是把自己忙死？
结论：世上总是充满
着令人不解的事。

WEST
EAST
SOUTH

NORTH
EAST
WEST
政治圈的人认为世上的一切都是阴谋。
影剧圈的人认为世上的一切都是宣传。
企业界的人认为世上的一切都是市场。
一般的人认为世上的一切都是不属于自己的一切。
不事生产，炒股票套利的人，以后会下地狱。
哄抬房价，日进斗金的人，以后会下地狱。
剥削他人获利致富的人，以后会下地狱。
本分做事，老实赚钱的人，现在就在地狱。

唉，下辈子投胎做一只随
时会变色的变色龙吧……
下辈子……
笨变色龙，绿地
上变红色……
为什么别人的车比我的好？
为什么别人车上的
女人比我的美？
神呀，下辈子让我
开大车，载美女吧。
狗屎……
511
下辈子。
NORTH
EAST
WEST

名媛用时尚可以上媒体。
企业家用财富可以上媒体。
明星用绯闻可以上媒体。
普通人用悲剧可以上媒体。
我的人生充满无趣……
我的人生缺乏勇气……
我的人生一点也不刺激……
好有趣
好勇敢
好刺激

你这衣服在哪儿买的？
在A Mall，打八折。
B Mall也有卖，打七折。
你先死吧，
我让你。
唉，真受不了演
艺圈的人自杀。

我一辈子活在别人的期望之下。
我受够了!!
跳
快跳
跳
倒栽葱
跳
唉，死也在别人的期望之下……
我太太甩了我。
我情妇甩了我。
这是她的照片。
这是她的照片。
怎么是同一个人?!
原本自杀的突然变成互杀……
以上是记者现场报导。

据调查，百分之五十五的人每半年想到一次自杀。
百分之三十的人每个月想到一次自杀。
百分之十的人每周想到一次，百分之五的人每天想到一次。
我要改名叫自杀。
户政事务所
我不要活了…
嘟
我不要活了…
嘟
玩具店
有人自杀一百次也不会成功。

抱歉，你的学历不够高。
抱歉，你的经验不够好。
抱歉，你的推荐不够强。
抱歉，你的武器不够看。
BANK

小姐，你好。
混蛋，
我是男人！
先生，你好。
可恶，
我是女人！
唉，这是一个混淆的时
代，我还是机灵点吧。
富人，你好。
浑账，
我是穷人！

少啰唆，把钱拿来！
少啰唆，把钱拿来！
天呀，快八点，要上班了。
BANK
少啰唆，把钱拿来！
借贷部

我想借钱结婚。
BANK
借贷部
你结婚的对象不是A级品，所以恕难借钱给你。

大家都有病

现代人的情绪就像天气，只是没有气象预报。

当你同时拥有五种情绪时，你是一个多愁善感的人。

当你每天同时拥有五种情绪以上时，你是一个多愁善感的精神病患者。

我需要你的房屋、土地权状证明……
还有债券、股票、台币、外币存款证明……
还要三个保证人同时提供他们的收入证明……
这些都齐全了，我才能给你十元。
我有一枚钻戒，现在我想配手链。
我有一条项链，现在我想配耳环。
我有一只手镯，现在我想配钻表。
我有一把枪，现在我想配钻戒、手链、项链、耳环、手镯、钻表。

把钱拿出来！
把钱拿出来！
把钱拿出来！
把钱存起来！
我最近一直耳鸣。

大家都有病

- 人生就是生活与生病。
- 如果世界是由一群疯子组成，上帝是第一个开始疯的。
- 笨人和聪明人的差别在于：笨人得心理疾病时会立刻找医生，聪明人则先去翻字典。

大家都有病

- 我们活在这个世界上却每天都在和这个世界战斗。
- 世界是一个疮疤，而大部分人只看到贴在上面的绷带。
- 财富买不到快乐，即使买到也留不住。

把钱拿出来！
亲爱的，我刚被抢了。
天呀，怎么会这样……
我不想再抢钱了，能不能治疗我？
没问题，你可以接受IP心理辅导、EQ重整、自我人格再塑、GP绿光治疗计划……
这些费用加起来，一共十八万九千。
不许动，把钱交出来，我比以前更需要钱。

不许动，把钱交出来。
要钱？你有没有抵押品？利息要怎么算？你的信用如何？
有保证人吗？有无欠债纪录？有固定收入吗？
你不要再说了，他已经自杀了。

花的钱比赚的钱多，焦虑呀……
做工的时间比休息的时间多，焦虑呀……
老婆丑的时候比美的时候多，焦虑呀……

大家都有病

- 「感觉自我」是奢侈品，你必须放弃世俗一切价值观才能拥有。
- 焦虑是一种问题发生之后的感觉，但大多数人会选择把感觉拿掉而非把问题拿掉。
- 奇迹就像别人的老婆，你想要却得不到。

大家都有病

- 两种病不要生：心理疾病和生理疾病。
- 一个人伟大的程度不是让他成为伟人就是成为疯人。
- 在现代这个人际关系疏离的社会，我们每个人都在某种程度上被判终生监禁。

这包要三十五万。
抱歉，有钱人优先。
套餐一客八千。
抱歉，有钱人优先。
这项链要八十万。
这个不公平的社会，我要用死抗议！
抱歉，有钱人优先。

结论：今天焦虑二人组原本想做一天情人，结果做了一天穷人。

小姐，你可以排我前面。
你也可以排我前面。
让你排前面。
真是一个富而好色的社会。

钱非万能，钱是一种灾难也是一种沉沦……
有钱就会心灵匮乏，钱多就是奴役众人所得，必祸延子孙……
从命理看，钱多表示其他方面不如人，不是老婆病就是孩子坏……
财多身弱，有钱人必恶疾缠身，空有钱却无福享用……
结论：有钱人有一堆钱，没钱的人有一堆理论。

大家都有病

- 地球扁平化，世界市场化，人的情绪单一化。
- 我们把内心的疯狂锁住，为的不是怕吓着别人而是怕吓着自己。
- 大部分人都知道别人很无知，却很少人明白自己的无知。

大家都有病

其实我们每个人的人生都只是在写自己的那段故事。你可以慢慢写，也可以一下就写完它。

每个人心中都有一本属于他自己的诗集。有时候你要穿过心中那一层天堂，有时候你必须越过心中那一层地狱，才能读到它。

什么？股票又跌了……
什么？股票又涨了……
什么？又跌了……
他不是摔死的，是心脏病死的。
遇上金融风暴，我的钱都赔光了……
亲爱的，没关系，凡事都可以从零开始。
我以为你要陪我从零开始？
他存款数目后面的零剩得比你多。

我辛辛苦苦从小学读到初中，再辛辛苦苦念到高中，再辛辛苦苦考上大学，再辛辛苦苦拼上研究所。
这样辛辛苦苦地一层层往上爬，正要大展身手就遇上金融风暴，什么工作也没有。
我不想活了！
那你得辛辛苦苦地一层层往上爬到顶楼才能跳。

节省点，少买一件衣服。
节省点，少吃一道菜。
节省点，少用一些汽油。
节省点，少打一颗子弹。

因应金融大风暴之黑社会火并

大家都有病

- 追求幸福就像开车一样，有时该踩油门，有时该踩刹车，有时该停下来左右看一下，再决定往哪儿开。
- 幸福只是人生的冰淇淋，酸甜苦辣才是人生的正餐。

大家都有病

● 现代人唯一能单独拥有主动权的就是看电视，但节目内容却还是别人帮你决定的。

● 如果你想改变这个世界，你必须先改变你自己看世界的高度。

● 只要能接纳荒谬，你就能在这个世界生存愉快。

天呀，分手！
天呀，分手！
天呀，分手！
拜托抽中继续做情人的签……

因应不景气，一个花花公子的裁人计划……

谢谢。
谢谢。
谢谢。
谢谢。

金融风暴时，一对互相鼓励打气的乞丐。

第一次金融风暴。
第二次金融风暴。
第三次金融风暴。
第四次金融风暴。
金融风暴就跟鬼故事一样，
听多了就没什么感觉了。
希望出大太阳却下大雨。
希望遇见佳人却碰上贱人。
希望大展鸿图却撞上金融海啸。
希望潇洒地走却一波三折。
送我去
医院…

大家都有病

● 你的人生是错误或是正确，得视评论者是魔鬼还是天使。

● 我们每个人的身体里都有着被禁锢的灵魂，那个灵魂一半时间在找钥匙，另一半时间在找锁。

大家都有病

● 如果天堂是一个成功的人待的地方，地狱就是一个想永远保持成功的人待的地方。

● 人生有百分之九十的时间都是在实行计划，而百分之九十的计划都是在实行别人赋予你的而非你自己的计划。

你千万别跳。
多少钱我都给你。
千万别跳？那就一千万吧。
《第二天》
你一万别跳。
真是无奸不商。

百货公司周年庆
8折
回馈周年庆
全面7折
岁末感恩庆
65折
圣诞礼品周
7.5折
情人节
爱心礼
8折
周年感恩庆
9折
你的一生还真单纯。
据说人咽气前，一生会一幕幕重现。

快卖！快卖！
快买！快买！
……我的心脏……
快卖！快卖！
有些人的心脏病是不会好的。

股票涨的时候，老钱是个富人。
股票跌的时候，老钱是个穷人。
股票在涨与跌之间的时候。
老钱就只是个病人。
焦虑呀....
焦虑呀....

大家都有病

- 一个人的社会性高低与他每天说言不由衷的话多寡成正比。
- 好人是一个好人。坏人是一个成功后再想办法变成大家心目中的好人的人。

大家都有病

● 人类有智慧将人们送往月球，但却无法将我们的心理疾病送出地球。

● 我们每天的生活习惯，可以变成一步都走不出去的泥沼，也可以变成我们自己的秘密花园。

据说人死的那一刻，人生一幕幕会在眼前演出……
奇怪？为什么这一幕幕的画面这么陌生？
笨蛋，因为你看到的是他的人生！

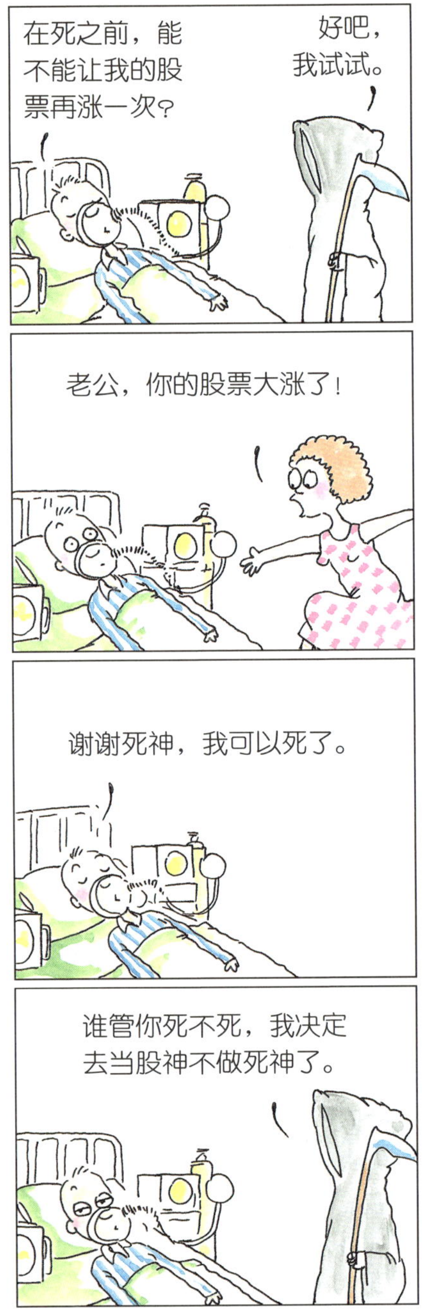

在死之前，能不能让我的股票再涨一次？
好吧，我试试。
老公，你的股票大涨了！
谢谢死神，我可以死了。
谁管你死不死，我决定去当股神不做死神了。

股市
挺住！
挡住！
有些事，超人也无能为力……
我整天都在救这个有病的世界，现在我累了，需要有人救我……
没问题，其实我是专救超人的超超人！
A
这个世界真的病了……

大家都有病

● 人生应该追求「质」的快乐，而非「量」的快乐。因为只有这种快乐，才能让你对抗人生中许多不得不承受的「非快乐」。

● 有时候，没有固定下来的人生，才是一个自己会创造出最多可能性的人生。

大家都有病

这个时代的问题是：以前的人，承认世界的中心在别的地方；现在的人，认为自己就是世界的中心。

这个社会总括来说只有三种人：男人，女人，病人。

我把女朋友和她全家都杀了，现在我也不要活了。
今年最新冬装和皮包没买到，我不如死了。
我没事，只是大家流行自杀，所以我也来试试。
回老家吧，这群人类没什么好救的。

1、2、3。木头人！
哈，张三，你动了，没专心上班，你被开除了。
1、2、3。木头人！
哈，李四，你也动了，开除！
真是一个童心未泯的可怕老板。

我失业三个月，
没人在乎我……
我失业五个月，
没人在乎我……
我失业六个月，
没人在乎我……
我失业三年，才没人在
乎我……
以前买得起的衣服
现在买不起了……
以前吃得起的餐馆
现在吃不起了……
以前追得起的情人
现在追不起了……
以前跳得起的楼
现在跳不起了……
摩天大楼
参观券150

大家都有病

有时候一瓶酒比一个心理医生有效。

你能为自己做的最好的三件事：

第一是简单。

第二是清醒。

第三是自己的步调。

人生在世，钱最重要。
胡说，生老病死才是人生最重要的，不是钱。
你老婆生孩子要生产费，你老妈生病要住院，你爸行动不便要请看护，你爷爷死了要安葬费。
人生在世，钱最重要。
我想发财。
我想发财。
我想发财。
我想发财我想发财
当大家都想发财时，
大家就很难都发财。

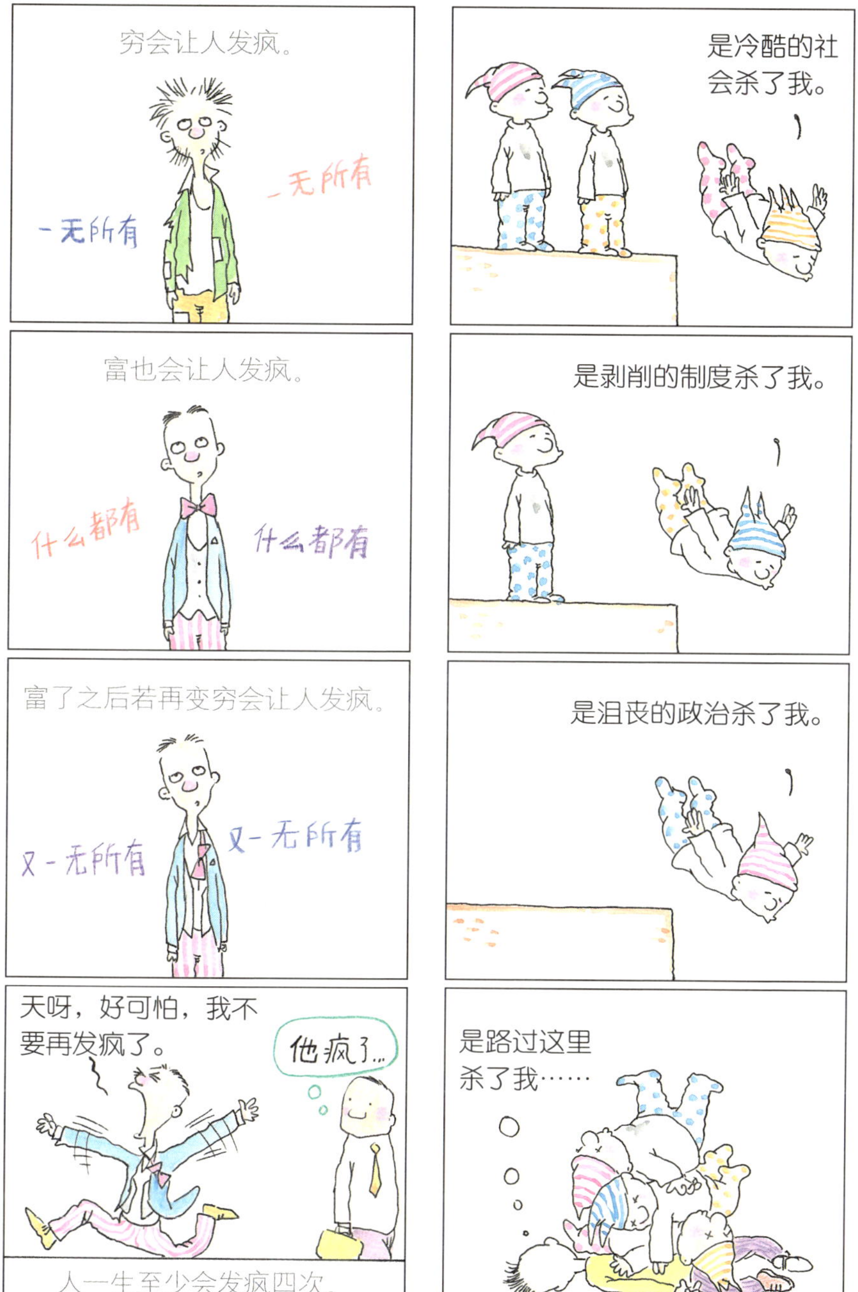
穷会让人发疯。
一无所有
一无所有
富也会让人发疯。
什么都有
什么都有
富了之后若再变穷会让人发疯。
又一无所有
又一无所有
天呀，好可怕，我不要再发疯了。
他疯了...
人一生至少会发疯四次。
是冷酷的社会杀了我。
是剥削的制度杀了我。
是沮丧的政治杀了我。
是路过这里杀了我……

天呀，我中彩券了。
呀……我的心脏……
天呀，我捡到他中的彩券。哦……我的心脏……
天呀，我捡到他捡到他中的彩券。咿……我的心脏……
天呀，我捡到他捡………………的彩券。喔……我的心脏……
真是一个大伙都穷怕了的有病社会。
张三每天工作超过十八小时，李四到处投资，情绪紧张。
小珍天天狂买，欠一屁股卡债，四处躲债。
大宝从早念到晚，天天恶补应付考试，累得剩皮包骨。
死神决定提前退休，因为他觉得每个人都在努力结束自己的生命。

哇，交错女朋友，我不要活了。
哇，结错婚，我不要活了。
哇，入错行，我不要活了。
哇，搭配错衣服，我不要活了。
1……
2……
3……
天呀，老婆，我晚餐要
吃什么？！
有病的男人。

1……
2……
3……
天呀，老公，我到底该买紫色
还是蓝色外套？！
有病的女人。

1……
2……
3……
天呀，爸妈，你们答应
我先买游戏机才要跳的？！
有病的下一代。

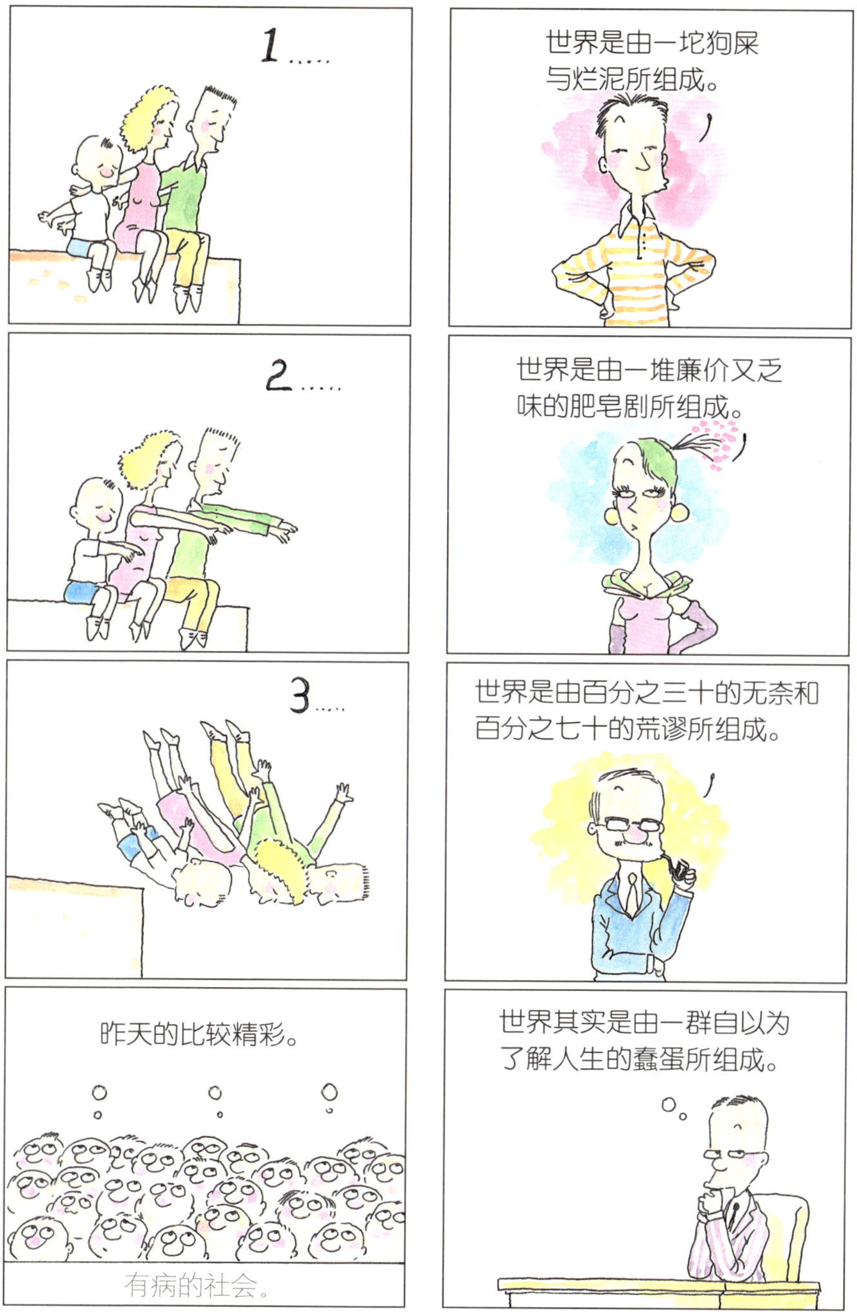
1……
世界是由一坨狗屎
与烂泥所组成。
2……
世界是由一堆廉价又乏
味的肥皂剧所组成。
3……
世界是由百分之三十的无奈和
百分之七十的荒谬所组成。
昨天的比较精彩。
有病的社会。
世界其实是由一群自以为
了解人生的蠢蛋所组成。

All we need is stop.

也许我们
真正需要的是：
停下来吧。

有时候
不要想太多。

不管怎么样，你总是还可以找到属于自己的那一个角落呢。

谁能让世界的旋转慢下来，谁就拥有这整个世界——

图字: 10-2011-2003

图书在版编目（CIP）数据

大家都有病 / 朱德庸著. —北京：现代出版社，2011.5

ISBN 978-7-80244-452-2

Ⅰ. ①大… Ⅱ. ①朱… Ⅲ. ①漫画—作品集—中国—现代 Ⅳ. ①J228.2

中国版本图书馆CIP数据核字(2011)第054119号

大家都有病

著　　者：朱德庸
编辑顾问：冯曼伦
责任编辑：张　璐
特约监制：陈　江　　杨　俊
技术编辑：凸　桑　　凹　桑
封面绘图：朱德庸
出版发行：现代出版社
地　　址：北京市安定门外安华里504号
邮政编码：100011
电子信箱：xiandai@cnpitc.com.cn
印　　刷：小森印刷（北京）有限公司
开　　本：880mm×1230mm　1/24
印　　张：10
版　　次：2011年5月第1版　2011年5月第1次印刷
书　　号：ISBN 978-7-80244-452-2
定　　价：36.00元

EAST
WEST
SOUTH
EAST
WEST
SOUTH
EAST

喜欢跳楼病
烦恼病
一切都可病
精神亢奋病
功名病
大声咆哮病
肚子很痛病
一切都可病
一点都没病的病
不结婚病
爱钱病
一点都没病的病
离开都没
大声咆哮病
一切都可病
爱钱病
功名病
花钱病
功名病
烦恼病
精神亢奋病
功名病
喜欢跳楼病
没成就感病
喜欢跳楼病
没成就感
精神病
一点都没病的病
没人爱的病
精神病
大声咆哮病
没人爱的病
功名病
精神亢奋病
离开都没病
一切都可病
肚子很痛病
精神亢奋病
肚子很痛病
一切都可病
精神病
不结婚病
爱钱病
功名病
不结婚病
爱钱病
大声咆哮病
功名病
花钱病
没人爱的病
精神病
一点都没病的病
喜欢跳楼病
没成就感病
喜欢跳楼病
没成就感
一切都可病
没人爱的病
精神病
没人爱的病
离开都没病
肚子很痛病
一切都可病
没成就感病
一切都可病
离开都没病
花钱病
离开都没病
没人爱的病
烦恼病
WEST
EAST
NORTH
EAST
WEST
SOUTH
WEST
EAST
NORTH
EAST
WEST
SOUTH

没成就感病
肚子很痛病
花钱病
大声咆哮病
没成就感病
一点都没病的病
喜欢跳楼病
精神亢奋病
精神病
烦恼
离开都没病
肚子很痛病
功名病
烦恼病
没成就感病
烦恼病
花钱病
精神亢奋病
喜欢跳楼病
肚子很痛病
大声咆哮病
大声咆哮病
花钱病
没人爱的病
大声咆哮病
没人爱的病
大声咆哮病
离开都没病
肚子很痛病
一切都可病
大声咆哮病
没成就感病
大声咆哮病
烦恼病
功名病
大声咆哮病
一切都可病
烦恼病
花钱病
精神亢奋病
没成就感病
一切都可病
精神病
一点都没病的病
没成就感病
一切都可病
没人爱的病
精神病
喜欢跳楼病
没成就感病
花钱病
没成就感病
肚子很痛病
烦恼病
一点都没病的病
没人爱的病
肚子很痛病
一点都没病的病
精神亢奋病
没人爱的病
没成就感病
精神病
NORTH
EAST
WEST
EAST
NORTH
SOUTH
WEST
WEST
EAST
SOUTH